マッスルランチの 筋トレ弁当

著：マッスルランチ

Prologue

筋肉を効率的に増やしたい人へ。
筋トレ弁当があれば
難しい食事管理もラクラク！

こんにちは！　マッスルランチです！
この本を手にとっていただきありがとうございます！
筋肉のための食事の効率化と、
節約のための「作りおき筋トレ弁当」のレシピをSNSで発信しています。
私は「家族のために強く健康でいたい」という思いから筋トレを始め、
食事にも気をつかうようになりました。
しかし、筋肉をつけたり痩せるための食事は大変です。
「栄養計算が面倒だ…」
「野菜もとらないと体に悪いかな…」
「毎日お弁当を作る時間がない…」
「コンビニや外食ばかりで食費がかさむ…」

筋トレやダイエットをする誰もが悩むところではないでしょうか。
私も同じように食事の栄養と効率化、節約に悩んでいました。
そこで私は、1週間分のお昼のお弁当5食分の作りおきを始めました。
それが「作りおき筋トレ弁当」（meal prep）です。
1週間分の主食・主菜・副菜を容器に詰めてお弁当を丸ごと冷凍保存します。
週末や休日に1週間分のお弁当をまとめて作っておけば、
お昼は温めるだけでエネルギー・PFCバランスのととのった食事を
悩むことなく食べられます。
効率的な食事をストレスなくとることができれば、
筋肉も効率良く育ってくれるはずです。
仕事もプライベートも筋トレも、できるだけ効率良くととのえていきたい！
この本が、身も心も成長と前進をしていく
あなたのお役に立てたらうれしいです！

マッスルランチ

もくじ

Prologue ———————————————————————— 2
筋トレ弁当って何？ 増量と減量に向けて
　PFCバランスやエネルギーが設定された作りおき弁当 —————— 6
　まとめて5食分を一気に作る！ 冷凍＆冷蔵のポイント —————— 8
　筋トレガチ勢必見！ おすすめVS避けたい食材＆調味料 ————— 10
　この本の特徴 ———————————————————————— 12

Part 1 📈 筋肉マシマシ！増量期の筋トレ弁当

増量期弁当 1	オレンジチキン弁当	14
増量期弁当 2	サテ風チキン弁当	16
増量期弁当 3	バッファローチキンと魚肉ジャンバラヤ弁当	18
増量期弁当 4	チーズタッカルビ風弁当	20
増量期弁当 5	鶏めし弁当	21
増量期弁当 6	鶏ケバブ弁当	22
増量期弁当 7	ジャークチキン弁当	24
増量期弁当 8	麻婆高野豆腐丼弁当	26
増量期弁当 9	炊飯器チキンライスでオムライス風弁当	28
増量期弁当10	ガパオライス弁当	29
増量期弁当11	タンドリーチキン弁当	30
増量期弁当12	炊飯器チキントマト煮弁当	32
増量期弁当13	焼き鮭とオートミールチキンカツ弁当	34
増量期弁当14	台湾風肉丼弁当	36
増量期弁当15	パッタイ風うどん弁当	37
増量期弁当16	揚げないフライドチキン弁当	38
増量期弁当17	豚ハニーレモン弁当	40
増量期弁当18	牛丼弁当	42
増量期弁当19	牛肉とセロリのオイスター炒め弁当	44
増量期弁当20	モツ煮丼弁当	45
増量期弁当21	牛すじ煮込み弁当	46
増量期弁当22	焼きさばのあんかけ弁当	48
増量期弁当23	白身魚とさば缶のトマトパスタ弁当	50
増量期弁当24	鶏肉の和風パスタ弁当	52
増量期弁当25	ジャージャーめん弁当	53

Column 補食にピッタリ！ おかず＆おにぎり

洋風サラダチキン ——————————————————————— 54
梅サラダチキン／わさびサラダチキン ——————————————— 55
豆腐ピザ ——————————————————————————— 56
すじ煮風こんにゃく／揚げない大学いも —————————————— 57
じゃこと小松菜／ちくわと青のり —————————————————— 58
塩昆布とツナと枝豆／さばと青じそ／豚キムチーズ ———————— 59
Column 筋トレ弁当に必須のおすすめ食材 ———————————— 60

Part 2 📉 脂肪をとことん落とす！減量期の筋トレ弁当

減量期弁当1	バターチキンカレー弁当	62
減量期弁当2	ガーリックペッパーライス弁当	64
減量期弁当3	たけのこごはん弁当	66
減量期弁当4	甘夏チキン弁当	68
減量期弁当5	ねぎ塩レモンチキン弁当	69
減量期弁当6	鶏むね肉となすのみそ炒め弁当	70
減量期弁当7	揚げない酢鶏丼弁当	72
減量期弁当8	鶏むね肉とにんじんの甘辛煮弁当	74
減量期弁当9	ささみとエリンギの磯部焼き弁当	76
減量期弁当10	ささみ青じそチーズサンド弁当	77
減量期弁当11	懐かしいミートボール弁当	78
減量期弁当12	レンチンそぼろ丼弁当	80
減量期弁当13	大豆入りドライキーマカレー弁当	82
減量期弁当14	はんぺんバーグ弁当	84
減量期弁当15	レバニラ丼弁当	85
減量期弁当16	炊飯器パエリア弁当	86
減量期弁当17	いか韓国風炒め丼弁当	88
減量期弁当18	白身魚のみそチーズ焼き弁当	90
減量期弁当19	炊飯器で鮭弁当	91
減量期弁当20	さばのハーブ焼き弁当	92
減量期弁当21	鮭とさつまいもの甘辛焼き弁当	94
減量期弁当22	豚ヒレチャーシューめん弁当	96
減量期弁当23	牛赤身肉のボロネーゼ弁当	98
減量期弁当24	きのことチキンとさつまいものクリームパスタ弁当	100
減量期弁当25	炊き込み魚チーズリゾット弁当	101

Column 補食にピッタリ！ おやつ＆ドリンク＆スープ

アボカドヨーグルトバーク	102
豆腐米粉蒸しパン／プロテインチョコレートケーキ	103
プロテインサンド／	
りんごのみりんコンポートとヨーグルト	104
米粉プロテインパンケーキ／さつまいもブラウニー	105
ブルーベリーチーズスムージー／グリーンキウイスムージー／	
ラズベリースムージー	106
食物繊維海そうスープ／消化促進さっぱりスープ／	
サンラータン風スープ	107

| 食材別料理さくいん | 108 |
| 栄養価一覧 | 110 |

筋トレ弁当って何?

筋肉の成長や修復に大切なのが、栄養バランスがとれた食事。
毎食献立を考えるのは大変ですが、一気に作る筋トレ弁当ならラク

増量と減量に向けて PFCバランスやエネルギーが 設定された作りおき弁当

増量や減量を目的とする場合、それぞれの目標に合わせたPFCバランス（タンパク質、脂質、炭水化物の割合）とエネルギー設定が重要。理想のPFCバランスは、増量期、減量期共通でP30％：F20％：C50％。変わるのはエネルギーの設定で、増量期は1食800kcal前後、減量期は500kcal前後を目指します。とはいえ、忙しい生活のなかで、栄養バランスのとれた食事を毎食作ったり、栄養管理をするのは難しい…。そこで考えられたのが、1度に5食分をまとめて作っておく「筋トレ弁当」。海外ではミールプレップ（meal prep）と呼ばれます。栄養管理が容易にできるようになり、食費の節約にもつながります。毎日1～2食を食べることで理想的な筋肉を手に入れることができます。

\ 増量期・減量期共通 /
理想のPFCバランス（%）

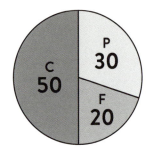

お弁当のPFCバランスは、増量期・減量期ともにタンパク質30％、脂質20％、炭水化物50％を大体の基準にしています。

Point

増量期・減量期の違いと気をつけたいポイント

増量期では、さまざまな種類の食材からタンパク質をとるようにします。脂質の多い料理では鶏肉を使うなどして、余分な脂質を減らしましょう。減量期では、脂質を10g程度まで抑え、1食100g程度の野菜を入れて、エネルギーに対して量が多く満足感が出るようにします。増量期よりも食事量が減って栄養素も減るため、野菜は多めに。さばや鮭などのお弁当は脂質が高くなっていますが、良い脂質なので高めでもOK。玄米や雑穀米などはカロリー的には白米とそこまで変わらないので、好みで使ってください。

エネルギーと栄養素の目安

エネルギーは増量期弁当が1食ごはん200〜250gで800kcal前後、減量期弁当は1食ごはん100〜150gで500kcalをおおよその目安にしています。gで表すと以下になります。＊増量期、減量期のエネルギーと栄養素量は目安です。各お弁当の数値とは異なります。

増量

タンパク質：**60.0**g
脂質：**17.8**g
炭水化物：**100.0**g
（糖質＋食物繊維）

減量

タンパク質：**37.5**g
脂質：**11.1**g
炭水化物：**62.5**g
（糖質＋食物繊維）

まとめて5食分を一気に作る！
冷凍&冷蔵のポイント

筋トレ弁当は、5食分を一気に作るお弁当。
そこで気になるのが詰め方と保存のこと。いつでもおいしく
無駄なく食べ切るために押さえておきたいポイントを紹介します。

1.使う容器のこと

使う容器や食器は清潔なものを使用します。必要に応じてアルコールスプレーを吹きかけて拭き取ってから使用しましょう。お弁当の容器は100円均一の容器を使っていますが、色移りが目立ってきたり、大きな傷ができた場合はすぐに交換しましょう。ガラスの容器はかっこいいですが、値段が高い、重くて持ち運びが大変、落とすと割れるなどデメリットもあります。軽くて取り扱いしやすく、値段も安い容器を月に1回程度買い替えるようにしています。

2.容器に詰める際のコツ

調理後は必ず粗熱をとります。ごはんも容器に詰めてから粗熱をとり、主菜・副菜を詰めるのがコツ。水分の多いおかずは容器の底におからパウダーやかつお節、粉寒天、すりごまなどを入れると水分を吸ってくれるのでおすすめです。冷凍・電子レンジOKのシリコンカップやラップ、クッキングシートなどを使用しても良いでしょう。減量中は食事を楽しめるように、特に見た目に気をつけた盛りつけをします。見た目がきれいだと気分も上がります。容器に詰めたら速やかに冷蔵庫or冷凍庫に入れます。

3.冷凍&冷蔵のコツ

冷凍するときは、アルミのバットの上に置いて冷凍すると、急速に冷却できておいしさを保ちやすくなります。冷蔵したお弁当は1～3日、冷凍したお弁当は1～2週間で食べ切るようにしましょう。それ以上は味が落ちるので要注意です。また、できるだけ冷凍庫の開け閉めによる温度変化の少ない場所に保存することで、劣化を最小限に止めることができます。お弁当を持ち運ぶときは、冷凍したお弁当を保冷バッグに入れて、できるだけ冷凍状態が維持されるように保冷剤を入れて持ち出します。冷蔵のお弁当も同じく保冷剤でしっかり冷やしましょう。

4.食べるときは

冷蔵したお弁当は、600Wの電子レンジで減量期弁当は3分～5分程度、増量期弁当は4分～6分加熱を。冷凍したお弁当は、600Wの電子レンジで減量期弁当は6分～10分、増量期弁当は8分～12分加熱が目安です。冷凍庫から出してすぐに温める場合、中心が温まりにくいため、途中で一度取り出して食材をずらしてあげると均一に温まりやすくなります。職場や学校・出先に電子レンジがない場合は、朝レンジで上記の時間温めて粗熱をとり、保冷バッグに保冷剤を入れて持っていく方法があります。自然解凍は雑菌が繁殖しやすく危険ですし、ごはんがボロボロになるため、おすすめできません。

筋トレ弁当を作ってみよう

(例：鶏ケバブ弁当)

1

主菜、副菜を作ったら粗熱をとり、ごはんの準備をします。

2

温かいごはんを容器に詰めて粗熱をとる。ごはんはしゃもじで斜めに傾斜をつけるのがポイント。

3

ごはんに添わせるように、キャベツをちぎって敷きます。

4

その上に主菜のおかずを盛りつけます。

5

副菜や添え野菜をすき間に詰めていきます。

6

最後にソースをかけます。

蓋をして冷蔵庫または冷凍庫へ！

筋トレガチ勢必見!

おすすめ VS 避けたい 食材&調味料

筋トレ弁当を作る際に、チェックしておきたい食材&調味料のこと。おすすめのものと避けたいものを明確にして活用しましょう。

食材のこと

「良いもの」「悪いもの」のバランスが大事です

筋肉を効果的に増やすために、気になるのが食材のこと。必要以上にナーバスになる必要はありません。基本的には、特に良いもの悪いものはないと思いますし、良いもの、悪いものも、量とバランスが大事かなと思っています。例えば、良いものばかり食べることでストレスが溜まるなら、それは悪いものになります。頻度や量を気をつければ、背脂たっぷりのラーメンやこってりの中華料理、甘くて濃厚なスイーツも食べったって良いんです。1食悪いものを食べたからってすぐにどうなるわけではありません。日常のベースを健康的な食材でととのえておき、休日や特別な日に好きな食べもので心おきなく息抜きをする。こんな感じで「良いもの」「悪いもの」のバランスをとって、自分の食生活スタイルを見つけていけたら最高です。

毎日のベースにしたいおすすめ食材

なるべくシンプルで低脂質な食材がおすすめ!

- 鶏肉（皮は食べすぎ注意）・牛の赤身肉・豚ヒレ肉
- 白身魚・青魚（さば、さんま、いわし、あじなど）・鮭
- 豆類（大豆製品）・卵（脂質のとりすぎを避けるため1日1～3個がおすすめ）
- ナッツ類（脂質のとりすぎを避けるため1日10～20g程度がおすすめ）
- いも類（さつまいも、じゃがいもなど）・野菜
- 乾物（わかめ、切り干し大根、干ししいたけ、昆布、高野豆腐、煮干し、かつお節など）
- ごはん（玄米、雑穀、大麦、もち麦含む）
- オートミール・全粒粉パン・プレーンベーグル・バゲット（脂質の少ないパン）
- めん類（エネルギーの高いスープやソースに注意）

毎日食べるのを避け、食べすぎに注意したい食材

衝動的に「あぁ～食べたい（飲みたい）!!」となるものは注意しましょう!

- 脂身の多い肉（こま切れ肉、バラ肉、霜降り肉）
- 菓子パン、惣菜パン・洋菓子・スナック菓子
- 揚げもの・アルコール・糖質の多い飲料
- インスタント食品（特に油で揚げられたラーメン、焼きそばなど）
- ファストフード
- 和菓子を装った洋菓子（生クリームたっぷりたい焼き、生クリームたっぷり大福、砂糖とチョコレートがコーティングされたお煎餅など）

Memo

マッスルランチの毎日の朝食はこちら!

増量期でも減量期でもほぼ同じメニューを毎日食べています。昼や夜に外食などで脂質が高くなりそうなときは卵をナシにすることもあります。

- ごはん（たまに大麦入り、たまにバゲット）
- 納豆1パック・卵2個（目玉焼きorスクランブルエッグ）
- 即席スープ（乾燥わかめ2g＋切り干し大根10g＋塩昆布3g＋高野豆腐1個＋熱湯250ml）
- そのとき冷蔵庫にある野菜（トマトやきゅうり、もやし、キャベツ、レタスなど）

Memo

スパイス＆風味調味料を効果的に使いましょう

市販のたれなどの多用を避け、味つけがシンプルな調味料になる分、各種スパイスや質の良い油などで味の変化をつけましょう。スパイスや油の香りで減塩にもつながります。

- 各種スパイス類（カルダモン、ガーリック、オレガノ、ターメリック、クミン、オールスパイス、チリパウダーなど）
- ごま油、オリーブ油

調味料のこと

「さしすせそ」の調味料のグレードを少し上げると満足度アップ！

おすすめとしては、基本の「さしすせそ」を少し良いものを使うと満足度が高くなります。砂糖、塩、酢、しょうゆ、みそは高級品を使う必要はないですが、少しだけグレードを上げたものを使うと、おいしさはもちろん、大切に使うので使いすぎの防止になります。また、避けたい調味料は特にありませんが、食材と同様に使う量に注意しましょう。

毎日のベースにしたいおすすめ調味料

- 塩
- 酢
- しょうゆ
- みそ

使いすぎ注意の調味料

- 砂糖（エネルギーの過剰摂取、血糖値の急上昇につながる）
- みりん（糖質が多いのでエネルギーの過剰摂取につながる）
- コチュジャンや甜麺醤など甘辛い味のもの（糖質が多く含まれていてエネルギーの過剰摂取につながり、おいしいので食べすぎにつながる）
- 市販のたれなど（糖質、脂質が多い製品に注意。エネルギーの過剰摂取、食べすぎにつながる）
- 市販のドレッシング（脂質が多く含まれるものに注意）
- 油（健康に良い油でもエネルギーはどれも1g 9kcal。使いすぎはエネルギーの過剰摂取になる）
- ダイエット甘味料（使いすぎは甘みへの依存の恐れがある。少しもの足りないくらいの量で抑えること）

この本の特徴

○ この本は筋肉を効率的に増やしたい人のために、YouTuber「マッスルランチ」が考案する、増量と減量に効果的なお弁当レシピ集です。
○ 料理写真は1食のみ掲載していますが、一気に5食分のお弁当を作り、冷蔵＆冷凍して保存します。食べるときに1食分ずつ電子レンジで加熱して食べるお弁当です。
○ 朝、昼、夜、どこのタイミングで食べてもOKです。一度に2〜3種類ぐらいのお弁当を作っておけば、飽きずに続けられます。
○ お弁当の材料は5食分を基本にしています。レシピによっては1食分、作りやすい分量などもあります。
○ 栄養価・PFC表記は1食分です。
○ 栄養価およびPFCは主に「日本食品標準成分表2020年版（八訂）」を基に算出しています。
○ 使用する調味料などによっても栄養価・PFC値は変動するため、記載している数字はあくまでも目安となります。
○ 牛肉・豚肉は脂肪の少ない部分を使用しています。
○ 卵はMサイズを使用しています。
○ 野菜類は特に記載していない場合、洗浄と皮むきを済ませた状態で調理をしています。
○「少々」は小さじ1/6未満を、「適量」はちょうど良い量を、「適宜」は好みで必要があれば入れることを示します。
○ 電子レンジは600Wを基本としています。500Wの場合は加熱時間を1.2倍にしてください。
○ フライパンは30cm以上のものを使用してください。それ以下の場合は、2回に分けて調理してください。
○ 炊飯器で調理するレシピは、5合炊き以上のものを使用してください。
○ 電子レンジ、オーブン、炊飯器はお使いの機種によって加熱時間が変わることもありますので、様子を見ながら調理をしてください。
○ 保存期間は目安です。冷蔵・冷凍庫内の冷気の循環状態、開け閉めする頻度などにより、おいしく食べられる期間に差が出る可能性があります。
○ 保存の際には、食品の粗熱をしっかりととり、清潔な箸や容器を使ってください。
○ 筋トレ弁当を冷凍する場合は2週間、冷蔵する場合は3日を目安に食べ切ってください。

Part 1
筋肉マシマシ！
増量期の筋トレ弁当

増量期の普段より食べる量を増やすというのは意外とキツいもの。
ごはんが進む味の濃いおかずや、さっぱりとした副菜にタンパク質食材を入れて、
量があってもおいしく食べ切れる工夫を詰め込みました。

増量期弁当 1

オレンジチキン弁当

オレンジジュースは、筋肉の回復を助ける糖分、疲労回復に良いクエン酸を含むので、運動後にとり入れるのがベスト。

Data エネルギーとPFCバランスの目安（1食分／ごはん200gを含む）

エネルギー：723kcal
タンパク質：43.6g
脂質：15.3g
糖質：95.2g
食物繊維：8.8g

保存期間
冷凍2週間　冷蔵3日

レンジ加熱
冷凍8〜12分　冷蔵4〜6分

PFC Balance (%)
P 24
F 19
C 57

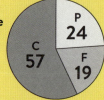

オレンジチキン

オレンジジュースを使ってさっぱりとした味わいに

材料（5食分）

鶏むね肉（皮なし）… 800g

A
- オレンジジュース（100%）… 大さじ2（30g）
- 片栗粉 … 大さじ2（20g）
- すりおろしにんにく（チューブ）・すりおろししょうが（チューブ）… 各大さじ1（各13g）
- 鶏がらスープの素（顆粒）… 小さじ2（5g）

B
- オレンジジュース（100%）… 大さじ4（60g）
- しょうゆ … 大さじ2（36g）
- 酢 … 大さじ2（30g）
- はちみつ … 大さじ1（21g）
- 水 … 大さじ1
- すりおろしにんにく（チューブ）・すりおろししょうが（チューブ）… 各大さじ1（各13g）
- 鶏がらスープの素（顆粒）… 小さじ2（5g）

オリーブ油 … 大さじ2（28g）

Data （1食分）

エネルギー：**277**kcal

タンパク質：**31.7**g

脂質：**8.2**g

糖質：**18.4**g

食物繊維：**0.0**g

💪 Muscle Point

鶏肉の加熱時間が長すぎると中の水分が抜けて食感がかたくなりやすいです。作り方3でしっかりとろみをつけてから肉にからめるのがおすすめです。

作り方

1. 鶏肉は2〜3cm幅のそぎ切りにし、Aをもみ込み、10〜30分おく。Bは混ぜ合わせる。
2. フライパンにオリーブ油を中火で熱し、1の鶏肉を入れて両面をこんがりと焼き、火が通ったら一度取り出す。
3. 2のフライパンにBを入れ、とろみがつくまで加熱する。
4. 2を戻し入れ、たれをよくからめる。

切り干し大根と豆苗のサラダ

切り干し大根のシャキシャキ食感が後を引く

材料（5食分）

切り干し大根（乾燥）… 60g

豆苗…1/2パック（50g）

スモークサラダチキン … 1パック（110g）

A
- しょうゆ … 大さじ1（18g）
- 酢 … 大さじ1（15g）
- ごま油 … 大さじ2（28g）

おからパウダー … 大さじ1（6g）×5

Data （1食分）

エネルギー：**135**kcal

タンパク質：**7.9**g

脂質：**6.7**g

糖質：**7.6**g

食物繊維：**5.7**g

💪 Muscle Point

切り干し大根などの乾物はまれに砂やごみが混じっている場合があるので、軽く洗うことをおすすめします。

作り方

1. 切り干し大根は水で軽く洗い、ぬるま湯につけてもどし、水けをきる。豆苗は根元を切り落として3cm長さに切る。スモークサラダチキンは5mm幅、3cm長さに切る。
2. ボウルに1、Aを入れて混ぜ合わせる。
3. お弁当箱に詰めるときにおからパウダーを大さじ1ずつ広げ、2を1/5量ずつのせる。

増量期弁当 2

サテ風チキン弁当

肉だけでタンパク質をとろうとすると飽きてしまうことも。テンペなどのタンパク質食材をとり入れてバリエーションを増やして。

Data エネルギーとPFCバランスの目安（1食分／ごはん200gを含む）

エネルギー：834kcal
タンパク質：51.0g
脂質：21.8g
糖質：97.7g
食物繊維：14.4g

保存期間
冷凍 2 週間　冷蔵 3 日

レンジ加熱
冷凍 8〜12分　冷蔵 4〜6分

PFC Balance (%)

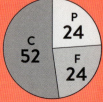

P 24
F 24
C 52

サテ風チキン

ピーナッツバターの香ばしいソースがたまらない

材料（5食分）

鶏むね肉（皮なし）… 800g

A
- 鶏がらスープの素（顆粒）… 小さじ2（5g）
- 塩 … 1つまみ
- こしょう … 少々

片栗粉 … 大さじ2（20g）

B
- ピーナッツバター（無糖）… 80g
- しょうゆ … 大さじ2（36g）
- 酒 … 大さじ1（15g）
- 豆板醤 … 小さじ1（6g）
- ごま油 … 小さじ1（5g）
- すりおろしにんにく（チューブ）… 小さじ1/2（3g）

オリーブ油 … 大さじ1（14g）

Data （1食分）

エネルギー：**328**kcal
タンパク質：**35.2**g
脂質：**14.0**g
糖質：**14.1**g
食物繊維：**0.1**g

Muscle Point

ピーナッツバターがない場合は、すりごまやごまペーストでもOKです。コクのあるソースにして満足度をアップ！

作り方

1. 鶏肉は1.5〜2cm幅のそぎ切りにし、**A**をもみ込み、片栗粉をまぶす。**B**は混ぜ合わせる。
2. フライパンにオリーブ油を中火で熱し、**1**の鶏肉を入れて両面をこんがりと焼き、火が通ったら一度火を止める。
3. **B**を加えて再び中火にかけ、たれをからめながら1分ほど加熱する。

   ＊フライパンはテンペとピーマンのスパイス炒めにそのまま使う。

テンペとピーマンのスパイス炒め

インドネシアの伝統食材テンペで、タンパク質補給！

材料（5食分）

テンペ（または厚揚げや大豆の水煮）… 450g

ピーマン … 6個（300g）

パプリカ（赤）… 2個（200g）

A
- クミンパウダー…大さじ1/2（3g）
- ターメリックパウダー … 小さじ1（2g）
- （またはカレー粉大さじ1/2（3g））

オイスターソース … 大さじ1（19g）

塩・こしょう … 各適量

Data （1食分）

エネルギー：**194**kcal
タンパク質：**11.8**g
脂質：**7.4**g
糖質：**14.4**g
食物繊維：**11.4**g

Muscle Point

テンペは大豆を発酵させたインドネシアの伝統的な食材で、栄養価が高くお肉の代用品としても注目されています。

作り方

1. テンペ、ピーマン、パプリカは食べやすい大きさに切る。
2. サテ風チキンを作った後のフライパンを中火で熱し、テンペ、**A**を入れて軽くこんがりとするまで焼く。
3. ピーマン、パプリカ、オイスターソースを加えてしんなりとするまで炒め、塩、こしょうで味をととのえる。

増量期弁当 3

バッファローチキンと魚肉ジャンバラヤ弁当

味つきのごはんに、しっかりと味をつけた
チキンで、モリモリ食べられる！
スパイスを使って塩分を減らすのがコツ。

Data エネルギーとPFCバランスの目安（1食分／魚肉ジャンバラヤ1/5量）

エネルギー：770kcal
タンパク質：42.3g
脂質：18.9g
糖質：104.0g
食物繊維：2.1g

保存期間
冷凍 2週間　冷蔵 3日

レンジ加熱
冷凍 8～12分　冷蔵 4～6分

PFC Balance (%)

P 22
F 22
C 56

18

バッファローチキン

タバスコの辛みと酸みが食欲をそそる！

材料（5食分）

鶏むね肉（皮なし）… 700g
A
├ すりおろしにんにく（チューブ）… 小さじ2（10g）
├ ナツメグパウダー … 小さじ1/2〜1（1〜2g）
└ 塩・こしょう … 各少々
片栗粉 … 大さじ3（30g）
B
├ トマトケチャップ … 大さじ4（72g）
├ タバスコ … 大さじ1〜2（15〜30g）
├ はちみつ … 大さじ1（21g）
└ バター … 10g
オリーブ油 … 大さじ3（42g）

Data （1食分）

エネルギー：**293**kcal
タンパク質：**27.2**g
脂質：**12.2**g
糖質：**18.3**g
食物繊維：**0.2**g

💪 MusclePoint

アメリカンな味つけで、むね肉とは思えないおいしさです。鶏手羽元や鶏手羽先で作っても◎。

作り方

1. 鶏肉は繊維を断ち切るようにひと口大に切る。**A**をもみ込み、10分ほどおき、片栗粉をまぶす。
2. フライパンに**1**を並べてオリーブ油をかけ、中火で揚げ焼きにする。火が通ったら一度取り出す。
3. **2**のフライパンをさっと拭き、**B**を入れ、ひと煮立ちしたら火を止める。
4. **2**を戻し入れ、たれをよくからめる。

魚肉ジャンバラヤ

具だくさんで彩りもきれい！　食べ応え満点

材料（5食分）

米 … 3合
魚肉ソーセージ … 6本（450g）
パプリカ（赤・黄）… 各1個（各100g）
マッシュルーム …15個（150g）
A
├ トマトケチャップ … 大さじ1（18g）
├ すりおろしにんにく（チューブ）…小さじ2（10g）
├ 鶏がらスープの素（顆粒）… 小さじ2（5g）
├ カレー粉 … 小さじ1（2g）
├ こしょう … 少々
└ 粉唐辛子 … 2〜5ふり
塩・こしょう … 各適量

Data （1食分）

エネルギー：**477**kcal
タンパク質：**15.1**g
脂質：**6.7**g
糖質：**85.7**g
食物繊維：**1.8**g

💪 MusclePoint

炊飯器任せで作れる簡単なジャンバラヤ。魚肉ソーセージを使うことで、さらにお手軽に。

作り方

1. 米はとぎ、ザルにあげる。魚肉ソーセージは3cm長さに切り、パプリカは5mm角に切る。マッシュルームは5mm幅に切る。
2. 炊飯器の内釜に米を入れて**A**を加えて混ぜ、パプリカ、マッシュルームをのせる。最後に魚肉ソーセージをのせ、水を3合の目盛りまで加えて普通モードで炊飯する。炊き上がったら10分ほど蒸らす。混ぜ合わせ、塩、こしょうで味をととのえる。

増量期弁当 4

チーズタッカルビ風弁当

増量期は餅を使うと、
糖質を手軽にとり入れられて◎。
厚揚げを加えてカサ増しして、
ボリューム満点のお弁当に。

Data エネルギーとPFCバランスの目安（1食分）

エネルギー：**753**kcal
タンパク質：**49.6**g
脂質：**19.7**g
糖質：**88.9**g
食物繊維：**4.3**g

保存期間
冷凍 **2** 週間　冷蔵 **3** 日

レンジ加熱
冷凍 **8〜12** 分　冷蔵 **4〜6** 分

PFC Balance (%)
C 50 / P 26 / F 24

チーズタッカルビ風

厚揚げでコクもタンパク質もプラス！

材料（5食分）

鶏むね肉（皮なし）… 700g
厚揚げ … 500g
キャベツ … 300g
しめじ … 180g
玉ねぎ … 1/2個（100g）
さつまいも … 100g
切り餅 … 10個（500g）
ピザ用チーズ … 100g

A ┌ コチュジャン … 大さじ6（84g）
　│ みりん … 大さじ4（72g）
　│ しょうゆ … 大さじ3（54g）
　│ 粉唐辛子 … 大さじ1と1/2（8g）
　│ はちみつ … 大さじ1（21g）
　└ すりおろしにんにく（チューブ）… 大さじ1（13g）

Data（1食分）
エネルギー：**753**kcal
タンパク質：**49.6**g
脂質：**19.7**g
糖質：**88.9**g
食物繊維：**4.3**g

MusclePoint

餅はドロドロになるまで加熱しないのがおいしさのポイント。形が残る程度で火を止めましょう。辛みが苦手な場合はコチュジャンをみそに代えれば◎。

作り方

1. 鶏肉は2〜3cm幅のそぎ切りにし、厚揚げは1cm厚さに切る。キャベツはざく切りにし、しめじは石づきを切り落としてほぐす。玉ねぎは1cm幅に切り、さつまいもは大きめの乱切りにする。
2. ボウルにAを入れて混ぜ、1を加えてもみ込み、15分以上おく。
3. フライパンに2を調味料ごと入れて中火で炒める。鶏肉に火が通ったら切り餅を加え、やわらかくなるまで蓋をして煮込む。
4. お弁当箱に3を1/5量ずつ詰め、ピザ用チーズを20gずつのせる。

鶏めし弁当

ごはんにもおかずにも鶏肉が入って、
十分なタンパク質がとれます。
ごはんのほかに、さつまいもの糖質も
プラスして、増量期ならではの
ボリューム感のあるお弁当です。

増量期弁当 5

Data エネルギーとPFCバランスの目安（1食分／鶏めし1/5量）

- エネルギー：734kcal
- タンパク質：47.6g
- 脂質：12.0g
- 糖質：100.8g
- 食物繊維：5.8g

保存期間
冷凍 2 週間　冷蔵 3 日

レンジ加熱
冷凍 8〜12分　冷蔵 4〜6分

PFC Balance (%)
P 26 / F 15 / C 59

鶏めし

食物繊維たっぷりなごぼうは、
滋味深い味わいが◎

Data（1食分）エネルギー：474kcal　タンパク質：21.7g
脂質：6.4g　糖質：77.4g　食物繊維：2.3g

🔥 Muscle Point
にんじん1本、まいたけ100gを入れてもおいしいです。入れる場合、ごぼうと同じタイミングで。

材料と作り方 (5食分)

1. **鶏もも肉600g**は皮と身を分け、ひと口大に切る。**ごぼう1本（160g）**は縦半分に切り、斜め薄切りにする。
2. フッ素樹脂加工のフライパンに鶏皮を入れて中火で熱し、脂が出てきたら取り出す。鶏肉を入れ、白っぽくなるまで炒める。ごぼうを加えてさらに炒め、しんなりしたら**しょうゆ大さじ4（72g）、酒大さじ2（30g）、はちみつ小さじ2（14g）**を加え、汁けがなくなるまで煮つめる。
3. 温かいごはん3合分に2を加えてよく混ぜ合わせる。

鶏むね肉とさつまいもの
オイスター炒め

さつまいもの甘みに、オイスターソースの旨みをからめて

Data（1食分）エネルギー：237kcal　タンパク質：24.4g
脂質：4.8g　糖質：22.3g　食物繊維：1.9g

材料と作り方 (5食分)

1. **鶏むね肉（皮なし）2枚（600g）**は1.5cm幅のそぎ切りにする。**さつまいも250g**は1cm厚さの輪切りにし、5分ほど水にさらして水けをきる。**長ねぎ1本（100g）**は1cm厚さの斜め切りにする。
2. ボウルに**オイスターソース大さじ2（38g）、しょうゆ大さじ1（18g）、すりおろしにんにく（チューブ）小さじ2（10g）、酒大さじ1/2（8g）**を入れて混ぜ、鶏肉を加えてもみ込み、10分ほどおく。
3. フライパンに**オリーブ油大さじ1（14g）**を中火で熱し、さつまいもを入れて炒める。色が変わったら2を調味料ごと加えて炒める。鶏肉が白っぽくなったら長ねぎを加え、蓋をして3分ほど蒸し焼きにし、**塩1つまみ、こしょう適量**で味をととのえる。

冷凍ほうれん草の
韓国のりあえ

韓国のりの旨みが後を引く！

Data（1食分）エネルギー：22kcal
タンパク質：1.6g　脂質：0.8g
糖質：1.1g　食物繊維：1.7g

材料と作り方 (5食分)

1. **ほうれん草（冷凍）250g**は解凍する。
2. ボウルに1を入れ、**韓国のり8枚（8g）**をちぎりながら加える。**めんつゆ（3倍濃縮）小さじ2（12g）**を加えて混ぜ合わせる。

増量期弁当 6

鶏ケバブ弁当

葉物野菜は、冷凍するなら
キャベツがおすすめ。
すぐに食べる場合はレタスでも。
ピリ辛ソースで鶏肉を
たっぷりと召し上がれ。

Data エネルギーとPFCバランスの目安（1食分／ごはん200gを含む）

エネルギー：**757**kcal タンパク質：**43.7**g 脂質：**17.5**g 糖質：**100.4**g 食物繊維：**5.8**g	保存期間 冷凍 **2** 週間　冷蔵 **3** 日 レンジ加熱 冷凍 **8～12** 分　冷蔵 **4～6** 分	PFC Balance (%) 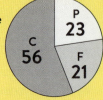 P 23　F 21　C 56

鶏ケバブ

スパイシーなソースが食欲をそそる！

材料（5食分）

鶏もも肉 … 300g
鶏むね肉（皮なし）… 700g

A
- クミンパウダー … 小さじ1（6g）
- コリアンダーパウダー … 大さじ2（4g）
- チリパウダー … 小さじ1（2g）
- ＊またはカレー粉小さじ2（4g）＋粉唐辛子少々

塩 … 小さじ1（6g）
キャベツ … 200g
紫玉ねぎ … 1/2個（100g）
ミニトマト … 10個

B
- プレーンヨーグルト … 大さじ5（75g）
- トマトケチャップ … 大さじ2（36g）
- シラチャーソース（市販）… 大さじ1（18g）
- 塩 … 小さじ1/3（2g）
- 粉唐辛子 … 適宜

オリーブ油 … 大さじ2（28g）

Data （1食分／ごはんを除く）

エネルギー：**367**kcal
タンパク質：**38.7**g
脂質：**17.0**g
糖質：**13.9**g
食物繊維：**2.1**g

💪 Muscle Point

オーロラソースはヨーグルトを使用してヘルシーに。全粒粉パンやベーグルにはさんでサンドイッチにしても絶品です！

作り方

1. 鶏肉は3〜4cm角に切り、**A**、塩をもみ込み、10分ほどおく。キャベツは4〜5cm四方にちぎり、紫玉ねぎは薄切りにする。ミニトマトは半分に切る。**B**は混ぜ合わせてオーロラソースを作る。

2. フライパンにオリーブ油を弱火で熱し、鶏肉を入れ、蓋をしてこんがりするまで焼く。上下を返し、再び蓋をして火が通るまで焼く。

3. お弁当箱にごはんを200gずつ詰め、紫玉ねぎ、キャベツ、ミニトマト、**2**を1/5量ずつ詰め、**1**のオーロラソース適量をかける。

増量期弁当 7

ジャークチキン弁当

スパイスをきかせた肉と、ライムの爽やかな香りの組み合わせがたまりません。酸味のある副菜で、すっきりとした後味に。

Data エネルギーとPFCバランスの目安（1食分／ライス＆ピーズ1/5量）

- エネルギー：**793**kcal
- タンパク質：**54.7**g
- 脂質：**9.9**g
- 糖質：**110.3**g
- 食物繊維：**13.9**g

保存期間
冷凍 **2** 週間　冷蔵 **3** 日

レンジ加熱
冷凍 **8~12** 分　冷蔵 **4~6** 分

PFC Balance (%)

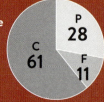

P 28
F 11
C 61

ジャークチキン

スパイスでピリッと香ばしい！

Data （1食分）

エネルギー：**269**kcal

タンパク質：**34.8**g

脂質：**8.5**g

糖質：**13.2**g

食物繊維：**0.0**g

💪 Muscle Point

ライムの爽やかな香りで、ボリューミーなお弁当もモリモリと食べられます。ライムジュースやレモン果汁を使ってもOKです。

材料（5食分）

鶏むね肉（皮なし）… 3枚（900g）

ライム果汁 … 1個分（50g）

A ┌ すりおろしにんにく（チューブ）・
　│ すりおろししょうが（チューブ）
　│ … 各大さじ 1 （各13g）
　│ オールスパイスパウダー … 小さじ 2 と1/2（5g）
　│ シナモンパウダー … 小さじ 1 と1/2（3g）
　│ 塩 … 小さじ 1 （6g）
　└ こしょう … 小さじ 1 （2g）

片栗粉 … 大さじ 2 （20g）

オリーブ油 … 大さじ 2 （28g）

作り方

1. 鶏肉はひと口大に切り、ライム果汁をかけてなじませたら、**A**をもみ込み、片栗粉をまぶす。
2. フライパンに**1**を並べてオリーブ油をかけ、両面がこんがりとして火が通るまで中火で焼く。

キャベツとちくわのセビーチェ

ライムとビネガーをきかせたさっぱりおかず

材料（5食分）

キャベツ … 400g

ちくわ … 6本（300g）

紫玉ねぎ … 3/4個（150g）

A ┌ ライム果汁 … 1個分（50g）
　│ 白ワインビネガー…大さじ 1 （15g）
　└ 塩 … 小さじ2/3（4g）

作り方

1. キャベツはざく切り、ちくわは5mm厚さの輪切り、紫玉ねぎは粗みじん切りにする。
2. 耐熱ボウルにキャベツを入れてラップをかけ、電子レンジで 3 分20秒加熱する。
3. ちくわ、紫玉ねぎ、**A**を加えて混ぜ合わせる。

💪 Muscle Point

塩分量が多めのちくわを使う場合は、**A**の塩の量を減らして調整してください。

Data （1食分）

エネルギー：**98**kcal

タンパク質：**8.2**g

脂質：**0.3**g

糖質：**13.5**g

食物繊維：**2.0**g

ライス＆ピーズ

豆のやさしい甘みがごはんとよく合う！

材料（5食分）

米 … 3 合

レッドキドニービーンズ（水煮）… 230g

グリーンピース（水煮）… 300g

作り方

1. 米はとぎ、ザルにあげる。
2. 炊飯器の内釜に**1**、レッドキドニービーンズ、グリーンピースを入れ、水を 3 合の目盛りまで加え、普通モードで炊飯する。

💪 Muscle Point

本格的なライス＆ピーズは、ジャスミン米をココナッツミルクとスパイスで炊き、2〜3ふりオールスパイスパウダーを加えて。材料があるときに試してみて。

Data （1食分）

エネルギー：**426**kcal

タンパク質：**11.7**g

脂質：**1.1**g

糖質：**83.6**g

食物繊維：**11.9**g

増量期弁当 8

麻婆高野豆腐丼弁当

ひき肉の旨みをたっぷり吸い込んだ
高野豆腐がおいしい！
冷凍するので、普通の豆腐ではなく
高野豆腐を使うのがポイント。

Data エネルギーとPFCバランスの目安（1食分／ごはん250gを含む）

エネルギー：891kcal	保存期間
タンパク質：74.0g	冷凍 2週間　冷蔵 3日
脂質：16.9g	
糖質：103.8g	レンジ加熱
食物繊維：7.0g	冷凍 8～12分　冷蔵 4～6分

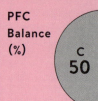

PFC Balance (%)
C 50
P 33
F 17

麻婆高野豆腐

カルシウムも豊富な高野豆腐は、冷凍してもおいしい！

材料（5食分）

鶏むね肉（皮なし）… 1.4kg
高野豆腐 … 8個（135g）
長ねぎ … 1本（100g）
しいたけ … 100g

A
- しょうが（みじん切り）… 2かけ分（30g）
- にんにく（みじん切り）… 4かけ分（20g）
- 赤唐辛子 … 2本
- 豆板醤 … 大さじ3〜5（51〜85g）

鶏がらスープの素（顆粒）… 大さじ3（22.5g）
水溶き片栗粉 … 片栗粉大さじ1（10g）＋水大さじ2
ごま油 … 大さじ1（14g）
粉山椒 … 適宜

Data （1食分／ごはんを除く）

エネルギー：**501**kcal
タンパク質：**69.0**g
脂質：**16.4**g
糖質：**17.3**g
食物繊維：**3.3**g

💪 Muscle Point

ボリュームがあるので、直径30cm以上のフライパンで、2回に分けて調理するのがおすすめです。

作り方

1. 鶏肉はフードプロセッサー（または包丁）でミンチにする。高野豆腐は水につけてもどし、水けをきり、2cm角に切る。長ねぎは1cm厚さの斜め切りにし、しいたけは5mm幅に切る。

2. フライパンにごま油を弱火で熱し、長ねぎ、Aを入れて香りが立つまで炒める。鶏肉、しいたけを加え、中火で色が変わるまで炒める。

3. 鶏がらスープの素、水400〜500mlを加え、ひと煮立ちしたら高野豆腐を加えて10分ほど煮込む。火を止め、水溶き片栗粉を加えたら再び中火にかけ、とろみがつくまで混ぜながら加熱する。

4. お弁当箱にごはんを250gずつ詰め、3を1/5量ずつかけ、お好みで粉山椒をふる。

増量期弁当 9

炊飯器チキンライスでオムライス風弁当

炊飯器でチキンライスを作ってしまえば、あとは薄焼き卵を作るだけなのでラク！ケチャップで彩れば、鮮やかなお弁当の完成。

Data エネルギーとPFCバランスの目安（1食分／チキンライス1/5量）

エネルギー：807kcal
タンパク質：44.7g
脂質：26.4g
糖質：92.7g
食物繊維：1.8g

保存期間
冷凍2週間 冷蔵3日

レンジ加熱
冷凍8〜12分 冷蔵4〜6分

PFC Balance (%)
P 22
F 29
C 49

炊飯器チキンライスでオムライス風

スパイス香るチキンライスに薄焼き卵をのせて

材料（5食分）

米 … 3合
鶏もも肉 … 300g
鶏むね肉（皮なし）… 400g
A ┌ オールスパイスパウダー … 小さじ1と1/2（3g）
  └ カルダモンパウダー … 小さじ1（2g）
にんじん … 1本（150g）
卵 … 10個
B ┌ トマトケチャップ … 大さじ5〜6（約100g）
  │ 中濃ソース … 大さじ1（18g）
  │ 酒 … 大さじ1（15g）
  └ コンソメ（顆粒）… 大さじ1（9g）
C ┌ みりん … 大さじ2（36g）
  │ 片栗粉 … 大さじ2（20g）
  │ 酢 … 大さじ1（15g）
  └ 鶏がらスープの素（顆粒） … 小さじ1（2.5g）
オリーブ油 … 小さじ5（25g）
トマトケチャップ … 適量

Data （1食分）
エネルギー：807kcal
タンパク質：44.7g
脂質：26.4g
糖質：92.7g
食物繊維：1.8g

Muscle Point
薄焼き卵は調味料を加えることで、冷凍してもパサつきにくくなります。スクランブルエッグに代えてのせてもOK。

作り方

1. 米はとぎ、ザルにあげる。鶏肉は1cm角に切り、Aをもみ込み、10分ほどおく。にんじんはみじん切りにする。
2. 炊飯器の内釜に米を入れ、Bを加えて混ぜる。にんじん、鶏肉をのせる。水を3合の目盛りまで加え、普通モードで炊飯する。炊きあがったら混ぜ合わせ、1/5量ずつお弁当箱に詰める。
3. ボウルに卵を割り入れ、Cを加えて泡立て器で切るように混ぜる（なるべく空気を入れないようにする）。
4. フライパンにオリーブ油小さじ1を入れ、キッチンペーパーでのばして弱〜中火で熱し、3の卵液を1/5量流し入れて薄焼き卵を作る。同様にしてあと4枚焼き、1枚ずつ2のごはんの上にのせ、トマトケチャップをかける。

ガパオライス弁当

鶏むね肉はひき肉を買ってきて
時短にしても◎。
自分で細かく切れば、
歯応えがでるのでおすすめです。

増量期弁当 10

Data　エネルギーとPFCバランスの目安（1食分／ごはん250gを含む）

エネルギー：**748**kcal	保存期間
タンパク質：**59.7**g	冷凍**2**週間　冷蔵**3**日
脂質：**9.2**g	
糖質：**101.0**g	レンジ加熱
食物繊維：**4.7**g	冷凍**8〜12**分　冷蔵**4〜6**分

PFC Balance (%)
C 57 / P 32 / F 11

ガパオ

ナンプラーとバジルの香りが食欲をそそる！

材料（5食分）

鶏むね肉（皮なし）… 1.4kg
パプリカ（赤・黄）・ピーマン … 合わせて250g
A　しょうゆ … 大さじ1（18g）
　　片栗粉 … 大さじ1（10g）
　　オイスターソース … 小さじ2（14g）
　　ナンプラー … 大さじ1/2（9g）
バジル（乾燥）… 大さじ1（2g）
ごま油 … 大さじ1と1/2（21g）

Data（1食分）

エネルギー：**358**kcal
タンパク質：**54.7**g
脂質：**8.7**g
糖質：**14.5**g
食物繊維：**1.0**g

Muscle Point
パプリカとピーマンは合わせた量でOK。温泉卵をトッピングしたり、ごま油をかけて食べても美味。

作り方

1. 鶏肉はフードプロセッサー（または包丁）でミンチにする。
2. フライパンに1を入れ、ごま油をかけて混ぜる。強火で白っぽくなるまで炒める。パプリカを加えてしんなりするまで炒めたら一度火を止める。
3. Aを加えて中火にかけ、とろみがつくまで1〜2分炒める。バジルを加えてさっと炒める。

増量期弁当 11

タンドリーチキン弁当

鶏もも肉を漬けだれにもみ込んで
よりやわらかく、ジューシーに仕上げて、
ジュワッと旨みがしみ出る
タンドリーチキンをたっぷりのせて、
ガッツリ弁当に。

Data エネルギーとPFCバランスの目安（1食分／ごはん250gを含む）

エネルギー：**842**kcal タンパク質：**51.4**g 脂質：**22.9**g 糖質：**101.4**g 食物繊維：**6.1**g	保存期間 冷凍**2**週間　冷蔵**3**日 レンジ加熱 冷凍**8～12**分　冷蔵**4～6**分	PFC Balance (%)

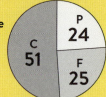

PFC Balance (%)
P 24
F 25
C 51

タンドリーチキン

カレー風味でごはんとよく合う!

材料（5食分）

鶏もも肉（皮なし）… 800g

A ┌ しょうゆ・トマトケチャップ … 各大さじ 1 と1/2（各27g）
 │ プレーンヨーグルト … 大さじ 1（15g）
 │ オリーブ油 … 大さじ 1（14g）
 │ すりおろしにんにく（チューブ）・すりおろししょうが（チューブ）
 │   … 各大さじ 1（各13g）
 └ カレー粉 … 小さじ 5（10g）

塩 … 小さじ1/2（3g）
こしょう … 少々
オリーブ油 ... 大さじ 1（14g）

作り方

1. 鶏肉は食べやすい大きさに切り、ポリ袋に入れ、**A** を加えてもみ込む。袋の中の空気を抜いて口を閉じ、冷蔵庫で15分以上おく。

2. フライパンにオリーブ油を入れて **1** を並べ、弱火で焼く。塩、こしょうをふり、軽く焼き色がついたら上下を返す。焼き色がついて火が通るまで 5 分ほど焼く。

＊作り方 **1** までを前日から仕込んでおくと、より味がしみておいしいです。

Data（1食分）

エネルギー：**230**kcal
タンパク質：**26.9**g
脂質：**10.0**g
糖質：**7.5**g
食物繊維：**0.8**g

💪 Muscle Point

鶏肉にヨーグルトをもみ込むことで、やわらかくジューシーな味わいに。鶏むね肉で作ってごはんを減らせば、減量期のお弁当に早変わり!

ほうれん草入り炒り卵

冷凍の野菜を使うと下処理なしでラク!

Data（1食分）エネルギー：**189**kcal　タンパク質：**14.6**g
脂質：**12.2**g　糖質：**4.4**g　食物繊維：**1.3**g

材料（5食分）

卵 … 10個
ほうれん草（冷凍／解凍する）… 200g

A ┌ マヨネーズ（カロリーハーフ）… 大さじ 1（14g）
 │ 塩 … 小さじ 1（6g）
 └ こしょう … 少々

作り方

1. ボウルに卵を割り入れて溶き、ほうれん草、**A** を加えてよく混ぜる。

2. フッ素樹脂加工のフライパンを中火で熱し、**1** を流し入れ、混ぜながら炒める。

💪 Muscle Point

カロリーハーフのマヨネーズを少し加えることで、冷凍してもパサつきにくくなります。

ツナかにきゅうり

きゅうりのさっぱりとしたおかずがあるとうれしい!

Data（1食分）エネルギー：**34**kcal
タンパク質：**5.0**g　脂質：**0.2**g
糖質：**3.1**g　食物繊維：**0.2**g

材料（5食分）

きゅうり … 1 本（100g）
ツナ缶（水煮）… 2 缶（140g）
かに風味かまぼこ … 14本（98g）

A ┌ 塩 … 小さじ1/3（2g）
 └ こしょう … 少々

作り方

1. きゅうりは細切りにする。ツナは汁けをきる。かに風味かまぼこは裂く。

2. ボウルに **1**、**A** を入れて混ぜ合わせる。

増量期弁当 12

炊飯器チキン
トマト煮弁当

トマトに含まれるリコピンは
強い抗酸化作用を持っているので、
免疫力アップにもつながります。

Data エネルギーとPFCバランスの目安（1食分／ごはん250gを含む）

エネルギー：**716**kcal
タンパク質：**48.3**g
脂質：**7.0**g
糖質：**105.7**g
食物繊維：**12.2**g

保存期間
冷凍 **2** 週間　冷蔵 **3** 日

レンジ加熱
冷凍 **8〜12** 分　冷蔵 **4〜6** 分

PFC
Balance
(%)

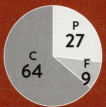

P 27
F 9
C 64

炊飯器チキントマト煮

炊飯器で仕込んで、バリエーション豊かなアレンジを楽しんで

材料 (5食分)

鶏むね肉（皮なし）… 1kg
しめじ … 2と1/2パック（250g）
レッドキドニービーンズ（水煮）… 200g
にんにく … 4かけ（20g）
しょうが … 1と1/3かけ（20g）
A ┌ カットトマト缶 … 1缶（400g）
  │ オリーブ油 … 大さじ1（14g）
  │ コンソメ（顆粒）… 大さじ1（9g）
  │ オレガノパウダー・ガーリックパウダー・
  └　バジル（乾燥）… 各適宜

Data (1食分)

エネルギー：**326**kcal
タンパク質：**43.3**g
脂質：**6.5**g
糖質：**19.2**g
食物繊維：**8.4**g

💪 Muscle Point

時間があるときに、普段のお弁当とは別に作って冷凍しておくと便利！　時間のない朝や残業で疲れた夜に解凍してささっと食べられます。筋肉非常食に！

作り方

1. 鶏肉は2cm幅に切る。しめじは石づきを切り落としてほぐす。にんにく、しょうがは薄切りにする。
2. 炊飯釜の内釜に1、レッドキドニービーンズ、A、水100mlを入れて普通モードで炊飯する。

---

arrange

トマトカレー

炊飯器チキントマト煮をまとめて作っても、飽きずに食べられる！

材料 (1食分)

炊飯器チキントマト煮 … 200g
A ┌ トマトケチャップ … 小さじ2（12g）
  └ カレー粉 … 小さじ1（2g）

Data (1食分)

エネルギー：**182**kcal
タンパク質：**22.0**g
脂質：**3.5**g
糖質：**13.1**g
食物繊維：**5.2**g

作り方

でき上がった炊飯器チキントマト煮にA、水100mlを加えて混ぜ合わせる。

増量期弁当 13

焼き鮭とオートミールチキンカツ弁当

鮭にはエネルギー代謝を促すビタミンB群、カルシウムの吸収を促すビタミンDが豊富なので、栄養バランスをととのえるのに◎。

Data エネルギーとPFCバランスの目安（1食分／ごはん200gを含む）

エネルギー：**741**kcal	保存期間
タンパク質：**37.2**g	冷凍 **2** 週間　冷蔵 **3** 日
脂質：**17.3**g	
糖質：**102.8**g	レンジ加熱
食物繊維：**7.4**g	冷凍 **8～12** 分　冷蔵 **4～6** 分

PFC Balance (%)
P 20
F 21
C 59

焼き鮭とオートミールチキンカツ

オーブンで作るから、鮭も鶏肉もしっとりふっくら！

材料（5食分）

鶏むね肉（皮なし）… 250g
A 塩・こしょう … 各適量
銀鮭（切り身）… 5切れ（500g）
B ┌塩 … 小さじ1（6g）
　└こしょう … 適量
片栗粉 … 大さじ2（20g）
じゃがいも … 3個（300g）
ホールコーン缶 … 1缶（150g）
卵 … 1個
C ┌薄力粉 … 大さじ3（24g）
　└水 … 大さじ1と1/2
オートミール … 50g
バジル（乾燥）… 適量
バター … 10g

Data （1食分）

エネルギー：**361**kcal
タンパク質：**30.0**g
脂質：**15.5**g
糖質：**23.8**g
食物繊維：**2.1**g

💪 Muscle Point

増量中でも揚げものの酸化した油は避けるのが理想。一日の中でオリーブ油やアボカド、ナッツ、鮭、さば缶などから良質な脂質をとることで、健康的に体づくりができます。

作り方

1. 鶏肉は1.5cm幅のそぎ切りにし、Aをふる。鮭はBをふり、片栗粉をまぶす。じゃがいもはくし形切りにし、コーンは汁けをきる。
2. ボウルに卵を割り入れて溶き、Cを加えて混ぜ合わせる。
3. 鶏肉を2につけて、オートミールをまぶす。
4. 天板にクッキングシートを敷き、3、鮭、じゃがいも、コーンをのせ、鮭にバジルをかける。220℃に予熱したオーブンで20分ほど焼く。じゃがいもとコーンの上にバターをのせて溶かす。

ピーマンのコチュジャンあえ

たっぷりのピーマンをピリ辛でモリモリ食べて！

材料（5食分）

ピーマン … 10個（500g）
かに風味かまぼこ … 12本（84g）
A ┌コチュジャン … 大さじ3と1/2（49g）
　└オリーブ油 … 小さじ1（5g）

Data （1食分）

エネルギー：**68**kcal
タンパク質：**3.2**g
脂質：**1.4**g
糖質：**9.8**g
食物繊維：**2.3**g

💪 Muscle Point

ピーマンを生で食べるときは、繊維を壊さないように縦に切ることで苦味をおさえることができます。かに風味かまぼこでタンパク質と旨みをプラス。

作り方

1. ピーマンは細切りにし、かに風味かまぼこは裂く。
2. ボウルに1、Aを入れて混ぜ合わせる。

増量期弁当 14

台湾風肉丼弁当

五香粉を加えるだけで一気に本格的な台湾風の味わいに。鶏むね肉のアレンジを楽しみながら、増量期を乗り切りましょう。

Data エネルギーとPFCバランスの目安（1食分／ごはん280gを含む）

- エネルギー：790kcal
- タンパク質：39.6g
- 脂質：15.8g
- 糖質：112.0g
- 食物繊維：5.5g

保存期間 冷凍2週間 冷蔵3日

レンジ加熱 冷凍8〜12分 冷蔵4〜6分

PFC balance (%)
P 20 / F 18 / C 62

台湾風肉

ごはんによく合う台湾風の味つけがたまらない！

材料（5食分）

- 鶏むね肉（皮なし）… 2枚（600g）
- 豚ロース厚切り肉 … 300g
- チンゲン菜 … 250g
- 長ねぎ … 1本（100g）
- にんにく … 3かけ（15g）
- しょうが … 1かけ（15g）
- A
  - しょうゆ … 大さじ4（72g）
  - みりん … 大さじ3（54g）
  - 酒 … 大さじ3（45g）
  - 五香粉 … 小さじ1（2g）

Data（1食分／ごはんを除く）
- エネルギー：354kcal
- タンパク質：34.0g
- 脂質：15.3g
- 糖質：15.2g
- 食物繊維：1.3g

Muscle Point
豚肉のビタミンB₁は疲労回復に効果的。糖質の代謝を助けてエネルギーとして使われやすくするので、筋トレのパフォーマンスアップも期待できます。

作り方

1. 鶏肉、豚肉は2cm長さ×1cm幅に切る。チンゲン菜はラップに包み、電子レンジで2分加熱する。水にさらして冷まし、水けをしぼる。長ねぎ、にんにく、しょうがはみじん切りにする。
2. フッ素樹脂加工のフライパンを中火で熱し、豚肉を入れて焼く。脂が出てきたら鶏肉、長ねぎ、にんにく、しょうがを加えて香りが立つまで炒める。
3. Aを加えて煮立ったら弱火にし、煮汁が少なくなるまで煮込む。
4. お弁当箱にごはんを280gずつ詰め、3、チンゲン菜を1/5量ずつのせる。

パッタイ風うどん弁当

増量期弁当 15

糖質をしっかりとれるうどんに、シーフードミックス、厚揚げ、鶏もも肉とタンパク質食材をおかずとしてたっぷりと詰め込んだ増量期にピッタリのお弁当です。ナンプラーを使って手軽にアジアン風に。

Data エネルギーとPFCバランスの目安（1食分／ごはん100gを含む）

- エネルギー：725kcal
- タンパク質：48.8g
- 脂質：17.7g
- 糖質：86.8g
- 食物繊維：5.1g

保存期間　冷凍 2 週間　冷蔵 3 日

レンジ加熱　冷凍 8〜12分　冷蔵 4〜6分

PFC Balance (%)　P 27　F 22　C 51

パッタイ風うどん

増量期はうどんも食べたい！　漬けもののアクセントが◎

Data（1食分）エネルギー：364kcal　タンパク質：23.5g　脂質：8.7g　糖質：44.2g　食物繊維：3.6g

材料（5食分）

うどん（冷凍）… 200g×5 個
シーフードミックス（冷凍／解凍する）… 500g
厚揚げ … 200g
にら … 50g
A ┌ たくあん（粗みじん切り）… 50g
　│ 梅干し（はちみつ／種を取り除いてたたく）… 10g
　│ オイスターソース … 大さじ 2（38g）
　│ ナンプラー … 大さじ 1（18g）
　│ はちみつ … 大さじ 1/2（10g）
　└ 水 … 100ml
オリーブ油 … 大さじ 1（14g）

作り方

1. 厚揚げは食べやすい大きさに切り、にらは3cm長さに切る。Aは混ぜ合わせる。
2. フライパンにオリーブ油を中火で熱し、シーフードミックス、厚揚げを入れ、シーフードミックスに色がつくまで炒める。Aを加えてからめたら、にらを加えてさっと炒める。火を止め、冷ます。
3. お弁当箱に冷凍うどんを凍ったまま 1 個ずつ入れ、2 を1/5量ずつのせる。

💪 MusclePoint
糖質を十分にとることで、トレーニングのパフォーマンスアップに！

アジアングリルチキン

パンチをきかせたアジアン風だれがやみつきに

Data（1食分／ごはんを除く）エネルギー：205kcal　タンパク質：23.3g　脂質：8.8g　糖質：8.0g　食物繊維：0.0g

材料（5食分）

鶏もも肉（皮なし）… 700g
A ┌ パクチー（刻む）… 1cm分
　│ はちみつ … 大さじ 1（21g）
　│ オイスターソース … 大さじ 1（19g）
　│ ナンプラー … 大さじ 1（18g）
　│ すりおろしにんにく（チューブ）
　└ … 小さじ 1（5g）
オリーブ油 … 大さじ 1（14g）

作り方

1. 鶏もも肉は5cm角に切る。
2. ボウルに A を入れて混ぜ合わせる。1 を加えてもみ込み、15分ほどおく。
3. フライパンにオリーブ油を弱火で熱し、2 を並べ入れてじっくり10分ほど焼く。上下を返して蓋をして、火が通るまで蒸し焼きにする。
4. お弁当箱にごはんを100gずつ詰め、3 を1/5量ずつのせる。

増量期弁当 16

揚げないフライド
チキン弁当

骨つき肉は、旨みも
ボリューム感もあるうえに
リーズナブルなのもうれしいポイント。
ブロッコリーと合わせて、
タンパク質をしっかり補給！

Data エネルギーとPFCバランスの目安（1食分／シーフードのピラフ1/5量）

エネルギー：**853**kcal
タンパク質：**51.5**g
脂質：**32.6**g
糖質：**82.6**g
食物繊維：**5.4**g

保存期間
冷凍 **2** 週間　冷蔵 **3** 日

レンジ加熱
冷凍 **8~12** 分　冷蔵 **4~6** 分

PFC Balance (%)
C 42　P 24　F 34

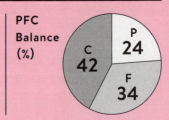

揚げないフライドチキン

揚げずにヘルシーなのに大満足!

材料 (2食分)

鶏手羽元 … 15本（700g）

A
- 牛乳 … 大さじ2（32g）
- すりおろししょうが（チューブ） … 小さじ1（5g）
- すりおろしにんにく（チューブ） … 小さじ1/2（3g）

B
- 薄力粉 … 大さじ2（16g）
- チリパウダー … 小さじ2（4g）
- オールスパイスパウダー … 小さじ1と1/2（3g）
- 塩 … 小さじ1（6g）
- パセリ（乾燥） … 小さじ1（2g）

オリーブ油 … 大さじ3（42g）

作り方

1. 鶏手羽元は皮を下、細いほうを手前にして、骨の両側に切り込みを入れて肉をつまんで広げる。
2. ボウルに 1 、A を入れてもみ込み、10分ほどおく。
3. バットに B を入れて混ぜ合わせ、2 を加えてまぶす。
4. フライパンに 3 を並べ入れ、オリーブ油をかけたら弱火で10分ほど焼く。上下を返して蓋をして、火が通るまで6分ほど蒸し焼きにする。

Data (1食分)

エネルギー：**343**kcal
タンパク質：**24.1**g
脂質：**25.6**g
糖質：**4.2**g
食物繊維：**0.1**g

💪 Muscle Point

牛乳をもみ込んでしっとりやわらか。深みのある香りのオールスパイスを使うことで、味が決まります。

シーフードのピラフ

素材の味をいかしたやさしい味わいで、飽きずに食べられる!

材料 (5食分)

米 … 3合
シーフードミックス（冷凍／解凍する）… 500g
さやいんげん … 100g
にんじん … 80g

A
- コンソメ（顆粒） … 小さじ2（6g）
- 塩・こしょう … 各少々

バター … 10g
パセリ（乾燥）… 適量

作り方

1. 米はとぎ、ザルにあげて30分ほどおく。さやいんげんは1cm長さに切り、にんじんは粗みじん切りにする。
2. 炊飯器の内釜に米を入れ、さやいんげん、にんじんをのせ、A を加える。3合の目盛りまで水を加えたらシーフードミックスをのせ、普通モードで炊飯する。炊き上がったらバターを加えて全体を混ぜる。
3. お弁当箱に1/5量ずつ詰め、パセリをふる。

Data (1食分)

エネルギー：**409**kcal
タンパク質：**19.4**g
脂質：**3.3**g
糖質：**71.6**g
食物繊維：**1.4**g

💪 Muscle Point

えびやいか、あさりなどのシーフードミックスは、タンパク質がとれるうえ、旨みもあるおすすめ食材です。

ブロッコリーとキャベツのコールスロー

ヨーグルトと粉チーズを使ったソースが濃厚でおいしい!

材料 (5食分)

キャベツ … 500g
ブロッコリー（冷凍／解凍する）… 250g

A
- ギリシャヨーグルト（無糖） … 大さじ5（90g）
- 粉チーズ … 50g
- 酢 … 大さじ1（15g）

塩 … 1〜2g

作り方

1. キャベツはせん切りにする。
2. ボウルに 1 、ブロッコリー、A を入れて混ぜ合わせ、15分ほどおいて味をなじませる。
3. 全体を軽く混ぜ、塩を加えて混ぜ合わせる。

Data (1食分)

エネルギー：**101**kcal
タンパク質：**8.0**g
脂質：**3.6**g
糖質：**6.8**g
食物繊維：**4.0**g

💪 Muscle Point

市販のせん切りキャベツを使って時短にしても◎。

増量期弁当 17

豚ハニーレモン弁当

豚肉は疲労回復に良いビタミンB群を豊富に含み、レモンなどのクエン酸と一緒にとることでより効率的な代謝アップにつながります。

Data エネルギーとPFCバランスの目安（1食分／ごはん200gを含む）

エネルギー：**767**kcal
タンパク質：**36.1**g
脂質：**25.4**g
糖質：**92.0**g
食物繊維：**4.8**g

保存期間
冷凍 **2** 週間　冷蔵 **3** 日

レンジ加熱
冷凍 **8〜12** 分　冷蔵 **4〜6** 分

PFC Balance (%)
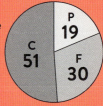
P 19
F 30
C 51

豚ハニーレモン

はちみつとレモンの間違いない組み合わせがおいしい！

材料（5食分）

豚ロース厚切り肉 … 5枚（500g）
すりおろしにんにく（チューブ）… 大さじ1と1/2（20g）
粗びき黒こしょう … 少々
片栗粉 … 大さじ1（10g）
レモン … 1個（160g）
A ┌ はちみつ … 大さじ3（63g）
  ├ 水 … 大さじ1
  └ しょうゆ … 大さじ1/2（9g）
オリーブ油 … 小さじ1（5g）

作り方

1. 豚肉は両面ににんにくをぬり、粗びき黒こしょうをふり、片栗粉をまぶす。レモンは半分に切り、1/2個を薄い輪切りにする。
2. ボウルにA、1の残りのレモン1/2個をしぼった果汁20gを入れて混ぜ合わせる。
3. フライパンにオリーブ油を中火で熱し、豚肉を入れて両面をこんがりと焼く。2を加えて豚肉にからめながら加熱し、軽くとろみがついたら火を止め、レモンの輪切りを加えてさっとからめる。

Data（1食分）

エネルギー：**354**kcal
タンパク質：**16.1**g
脂質：**23.2**g
糖質：**18.8**g
食物繊維：**1.6**g

💪 Muscle Point

はちみつは砂糖の1/3量で同じ甘さになるので、カロリーを抑えつつビタミンBなどの栄養素をプラスできます。

ささみチンジャオロースー

ごま油をふわっと香らせて、食欲アップ！

材料（5食分）

鶏ささみ … 8本（400g）
ピーマン … 1個（50g）
A ┌ 酒 … 大さじ1/2（8g）
  ├ すりおろししょうが（チューブ）… 大さじ1/2（7g）
  ├ 塩 … 1つまみ
  └ こしょう … 適量
片栗粉 … 大さじ1/2（5g）
オイスターソース … 大さじ1/2（10g）
ごま油 … 大さじ1/2（7g）

作り方

1. 鶏ささみは細長く切り、Aをもみ込み、片栗粉を加えてさらにもみ込む。ピーマンは細切りにする。
2. フライパンにごま油を中火で熱し、鶏ささみを入れて炒める。白っぽくなってきたらピーマンを加えて2分ほど炒める。オイスターソースを加えてさっと炒める。

Data（1食分）

エネルギー：**100**kcal
タンパク質：**16.0**g
脂質：**1.8**g
糖質：**4.0**g
食物繊維：**0.2**g

💪 Muscle Point

ピーマンは油と一緒に炒めることで、抗酸化作用のあるβ-カロテンが吸収されやすくなります。また、ビタミンCが加熱に強いのもうれしいポイント。

増量期弁当 18

牛丼弁当

牛肉は脂質をエネルギーに変換する
カルニチンという栄養素を含み、
豚肉や鶏肉よりビタミンB_{12}の
含有量が多く、貧血予防に効果的です。

Data エネルギーとPFCバランスの目安（1食分／ごはん250gを含む）

エネルギー：**803**kcal
タンパク質：**42.0**g
脂質：**22.0**g
糖質：**100.7**g
食物繊維：**5.7**g

保存期間
冷凍 **2** 週間　冷蔵 **3** 日

レンジ加熱
冷凍 **8〜12** 分　冷蔵 **4〜6** 分

PFC Balance (%)

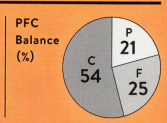

P 21
F 25
C 54

※1食ごはん250g含む

牛丼の具

厚揚げをプラスして、食べ応えのある一杯に

材料（5食分）

牛もも赤身ブロック肉 … 600g
牛こま切れ肉（輸入）… 300g
厚揚げ … 200g
玉ねぎ … 1 個（200g）
しいたけ … 100g

A ┌ しょうゆ … 大さじ3 （54g）
  │ 酒 … 大さじ3 （45g）
  │ みりん … 大さじ1 （18g）
  └ はちみつ … 大さじ1/2 （10g）

作り方

1. 牛ももブロック肉は薄切りにし、牛こま切れ肉は食べやすい大きさに切る。厚揚げは1cm幅、玉ねぎは5mm幅に切り、しいたけは軸を切り落として5mm幅に切る。

2. 鍋に 1 、A、水500mlを入れて混ぜ合わせたら中火にかける。煮立ったらアクを取り除き、蓋をして10分ほど煮込む（ときどき混ぜる）。

Data （1食分）

エネルギー：**413**kcal
タンパク質：**37.0**g
脂質：**21.5**g
糖質：**14.2**g
食物繊維：**1.9**g

💪 MusclePoint

牛肉は脂肪の少ない赤身を使うことで余分なカロリーをカットし、お得なこま切れ肉を混ぜることで、パサつきと食費を抑えることができます。小口切りにした小ねぎや、高菜漬け、とろろなどをトッピングしても◎。

増量期弁当 19

牛肉とセロリのオイスター炒め弁当

牛肉の強い旨みにセロリの爽やかな風味がマッチ。
お弁当の定番卵焼きをレンチンでパパッと作って。

Data エネルギーとPFCバランスの目安（1食分／ごはん200gを含む）

- エネルギー：752kcal
- タンパク質：41.4g
- 脂質：21.1g
- 糖質：90.6g
- 食物繊維：7.3g

保存期間
冷凍 2週間　冷蔵 3日

レンジ加熱
冷凍 8～12分　冷蔵 4～6分

PFC Balance (%)
P 22 / F 25 / C 53

牛肉とセロリのオイスター炒め

オイスターソースで旨みを底上げ！

材料（5食分）

- 牛もも赤身薄切り肉 … 600g
- A
  - 酒 … 大さじ1（15g）
  - 片栗粉 … 大さじ1（10g）
  - すりおろしにんにく（チューブ）… 小さじ2（10g）
  - 塩 … 小さじ1/3（2g）
  - こしょう … 適量
- セロリ … 1本（100g）
- しめじ … 2と1/2パック（250g）
- B
  - オイスターソース … 大さじ3（57g）
  - しょうゆ … 大さじ1（18g）
  - 酒 … 大さじ1（15g）
- 塩 … 1g
- 粗びき黒こしょう … 適量
- オリーブ油 … 大さじ1（14g）

作り方

1. 牛肉は食べやすい大きさに切り、Aをもみ込む。セロリは1cm幅に切り、しめじは石づきを切り落としてほぐす。
2. フライパンにオリーブ油を中火で熱し、牛肉を入れて焼く。表面の色が変わったら、セロリ、しめじを加えて炒める。しんなりしたらBを加えて1分ほど炒め、塩、粗びき黒こしょうを加えてさっと炒める。

Data（1食分）
- エネルギー：227kcal
- タンパク質：23.4g
- 脂質：8.0g
- 糖質：13.1g
- 食物繊維：1.8g

MusclePoint
シンプルな味つけでも、オイスターソースのコクで満足感が高い。セロリの代わりにほうれん草、アスパラガス、パプリカでもOK。

ほうれん草とツナのナッツあえ

ナッツは良質な油がとれるからアクセントに◎

Data（1食分）エネルギー：94kcal　タンパク質：5.9g
脂質：6.1g　糖質：2.4g　食物繊維：2.4g

材料と作り方（5食分）

1. ほうれん草（冷凍）250gは解凍し、水けをしぼる。ツナ缶（水煮）2缶（140g）は汁けをきり、ミックスナッツ50gは細かく砕く。
2. ボウルに1、めんつゆ（3倍濃縮）大さじ1（17g）、酢大さじ1/2（8g）を入れて混ぜ合わせる。

レンチン卵焼き

炒めている間にレンチンでもう一品！

Data（1食分）エネルギー：119kcal　タンパク質：8.2g
脂質：6.7g　糖質：5.8g　食物繊維：0.0g

材料と作り方（5食分）

1. ボウルに卵6個を割り入れて溶き、みりん大さじ1（18g）、酢大さじ1（15g）、片栗粉大さじ1（10g）、白だし小さじ1（6g）を加えて混ぜ合わせる。
2. 広めの浅い耐熱容器にラップを敷き、1を半量流し入れ、ラップをかけずに電子レンジで2分加熱する。すぐに取り出してくるくると巻く。この過程をもう一度繰り返す。粗熱がとれたら食べやすい大きさに切り、5等分にする。

モツ煮丼弁当

比較的リーズナブルな価格で手に入るモツと
ジューシーな鶏もも肉を合わせて。
じっくり煮込んで、噛むほどにおいしい！
ごはんをたっぷり食べたいときに、お試しあれ。

増量期弁当 20

Data エネルギーとPFCバランスの目安（1食分／ごはん200gを含む）

- エネルギー：**765**kcal
- タンパク質：**32.5**g
- 脂質：**27.6**g
- 糖質：**85.5**g
- 食物繊維：**5.2**g

保存期間
冷凍 **2** 週間　冷蔵 **3** 日

レンジ加熱
冷凍 **8〜12**分　冷蔵 **4〜6**分

PFC Balance(%)

P 17 / F 32 / C 51

モツ煮

じっくり煮込んで、ごはんにドンとのせて召し上がれ

材料（5食分）

豚モツ（ボイル済）… 300g
鶏もも肉 … 600g
大根 … 1/4本（200g）
にんじん … 1本（150g）
小ねぎ … 3本
しょうが … 1かけ（15g）
酒 … 100ml

A ┌ みりん … 大さじ4（72g）
　├ みそ … 大さじ3（51g）
　└ ごま油 … 大さじ1（14g）

B ┌ コチュジャン … 大さじ1（14g）
　└ （あれば）八丁みそ … 大さじ1（17g）

Data（1食分／ごはんを除く）
- エネルギー：**453**kcal
- タンパク質：**28.5**g
- 脂質：**27.2**g
- 糖質：**16.3**g
- 食物繊維：**2.2**g

Muscle Point
脂質多めなモツ煮は、一部を鶏肉に置き換えて脂質を抑えてPFCバランスをととのえましょう。

作り方

1. 豚モツはぬるま湯でよく洗って臭みを取り除く。鶏肉はひと口大に切り、大根、にんじんは5mm厚さのいちょう切り、小ねぎは小口切り、しょうがは薄切りにする。
2. 鍋に豚モツ、鶏肉、大根、にんじん、しょうが、酒、水600mlを入れて強火にかける。煮立ったら中火にし、アクを取り除く。**A**を加えて落とし蓋をし、15分ほど煮込んだら、**B**を加えて弱火で20分ほど煮込む。
3. お弁当箱にごはんを200gずつ詰め、**2**を1/5量ずつのせ、小ねぎを1/5量ずつ散らす。

増量期弁当 21

牛すじ煮込み弁当

牛すじはコラーゲンを多く含み、
コラーゲンは美肌効果のほかに
骨を強くしてくれる効果もあるので、
体づくりには欠かせない栄養素です。

Data エネルギーとPFCバランスの目安（1食分／赤飯風1/5量）

エネルギー：**834**kcal
タンパク質：**60.5**g
脂質：**9.3**g
糖質：**106.5**g
食物繊維：**15.2**g

保存期間
冷凍 **2** 週間　冷蔵 **3** 日

レンジ加熱
冷凍 **8〜12** 分　冷蔵 **4〜6** 分

PFC Balance (%)

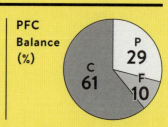

P 29　F 10　C 61

牛すじ煮込み

噛むほどに旨みがしみ出る絶品おかず！

材料（5食分）

牛すじ肉 … 800g
にんじん … 大 1 本（200g）
長ねぎ … 120g

A ┌ 酒 … 200ml
  └ 酢 … 大さじ 2（30g）

B ┌ しょうゆ … 大さじ 6（108g）
  │ 酒 … 大さじ 4（60g）
  └ はちみつ … 大さじ 2（42g）

作り方

1. にんじんは乱切り、長ねぎは2cm厚さの斜め切りにする。
2. 鍋に牛すじ肉、A、水600mlを入れて弱めの中火にかける。煮立ったらアクを取り除き、蓋をして弱火で30分ほど煮込む。火を止め、そのまま30分ほどおいたら、ぬるま湯でよく洗って水けをきる。
3. 2 の鍋をさっと洗い、牛すじ肉、にんじん、B、水400mlを入れて中火にかける。煮立ったらアクを取り除き、蓋をして弱火でにんじんがやわらかくなるまで煮込む。長ねぎを加えて混ぜる。

Data（1食分）

エネルギー：**365kcal**
タンパク質：**48.0g**
脂質：**7.6g**
糖質：**14.9g**
食物繊維：**1.7g**

💪 Muscle Point

牛すじのプルプルした部分は脂肪ではなくコラーゲン。意外と低脂質で、亜鉛や鉄分もとれる優秀食材です。

赤飯風

餅を入れることで、もっちりとした仕上がりに

材料（5食分）

米 … 3 合
レッドキドニービーンズ（水煮）… 1 パック（380g）
切り餅 … 2 個（100g）

作り方

1. 米はとぎ、20分ほど浸水し、ザルにあげる。
2. 炊飯器の内釜に 1、汁ごとのレッドキドニービーンズを入れ、水を 3 合の目盛りまで加える。餅を加え、普通モードで炊飯する。炊きあがったら餅を切るようによく混ぜる。

💪 Muscle Point

糖質がとれる白米に切り餅と、タンパク質源のレッドキドニービーンズを加えて炊くことで、増量期にうれしいバランスのとれた赤飯風です。

Data（1食分）

エネルギー：**449kcal**
タンパク質：**11.0g**
脂質：**1.4g**
糖質：**90.2g**
食物繊維：**10.9g**

水菜とおからの
ゆずこしょうあえ

ゆずこしょうの辛みがアクセントになって美味

材料（5食分）

水菜 … 250g
おからパウダー … 大さじ 2（12g）
ゆずこしょう … 小さじ 1（6g）

作り方

1. 水菜は3〜4cm長さに切る。
2. ボウルに 1、おからパウダー、ゆずこしょうを入れてよくあえる。

Data（1食分）

エネルギー：**20kcal**
タンパク質：**1.5g**
脂質：**0.4g**
糖質：**1.4g**
食物繊維：**2.6g**

増量期弁当 22

焼きさばのあんかけ弁当

さばは必須脂肪酸の一種である EPAが豊富で、血流を良くする効果があります。
一年中手に入るのでとり入れやすさもポイントです。

Data エネルギーとPFCバランスの目安（1食分／ごはん250gを含む）

エネルギー：729kcal
タンパク質：32.1g
脂質：16.8g
糖質：104.8g
食物繊維：5.4g

保存期間
冷凍 2 週間　冷蔵 3 日

レンジ加熱
冷凍 8〜12分　冷蔵 4〜6分

PFC Balance (%)
P 17
F 21
C 62

焼きさばのあんかけ
さばとシーフードの旨みをたっぷり吸った野菜が美味

材料（5食分）

さば（半身）… 500g
塩 … 小さじ2/3（4g）
酒 … 大さじ1（15g）
片栗粉 … 大さじ4（40g）
シーフードミックス（冷凍／解凍する）… 300g
にんじん … 1本（150g）
玉ねぎ … 1/2個（100g）
チンゲン菜 … 200g
　　オイスターソース … 大さじ1（19g）
　┌酒・酢 … 各大さじ1（各15g）
　│鶏がらスープの素（顆粒）… 小さじ2（5g）
A│しょうゆ … 小さじ1（6g）
　└水 … 250ml
オリーブ油 … 大さじ1（14g）

Data （1食分／ごはんを除く）

エネルギー：**339**kcal
タンパク質：**27.1**g
脂質：**16.3**g
糖質：**18.3**g
食物繊維：**1.6**g

💪 Muscle Point

さばだけだとタンパク質が足りない…そんなときはシーフードミックスでタンパク質と旨みをプラスして。さばを鮭やたら、鯛に代えても◎。

作り方

1. さばは10等分に切り、塩をふって（塩さばの場合は不要）酒をかけ、片栗粉大さじ2をまぶす。にんじんはせん切り、玉ねぎは薄切りにし、チンゲン菜は3〜4cm長さに切る。**A**は混ぜ合わせる。

2. 耐熱ボウルにシーフードミックス、野菜を入れ、片栗粉大さじ2を加えて軽く混ぜたら**A**を加える。ふんわりとラップをかけ、電子レンジで10分加熱する。

3. フライパンにオリーブ油を中火で熱し、さばを皮目を下にして並べ入れて焼く。焼き色がついたら上下を返し、火が通るまで焼く。

4. お弁当箱にごはんを200gずつ詰め、**3**を2切れずつ入れ、**2**を1/5量ずつかける。

49

増量期弁当 23

白身魚とさば缶の
トマトパスタ弁当

パスタは冷凍におすすめのめんです。
むくみに効果的なカリウムや、
鉄が豊富なほうれん草を添えて
栄養と彩りをアップ！

Data エネルギーとPFCバランスの目安（1食分）

エネルギー：757kcal	保存期間	PFC Balance (%)
タンパク質：42.4g	冷凍 2 週間　冷蔵 3 日	
脂質：13.2g		
糖質：109.1g	レンジ加熱	
食物繊維：11.0g	冷凍 8～12分　冷蔵 4～6分	

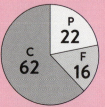

P 22　F 16　C 62

白身魚とさば缶のトマトパスタ

冷凍&解凍を想定して、ゆで時間は短くするのがポイント！

材料（5食分）

パスタ（1.6mm）… 700g
白身魚（たらなど）… 500g
塩 … 少々
さば缶（水煮）… 2缶（380g）
玉ねぎ … 1個（200g）
にんにく … 3かけ（15g）
ほうれん草（冷凍／解凍する）… 250g
カットトマト缶 … 1缶（400g）
はちみつ … 大さじ1（21g）
塩・こしょう … 各適量
オリーブ油 … 大さじ2（28g）

Data （1食分）

エネルギー：**757**kcal
タンパク質：**42.4**g
脂質：**13.2**g
糖質：**109.1**g
食物繊維：**11.0**g

💪 Muscle Point

さば缶を加えることで、良質な脂質であるオメガ3脂肪酸を手軽にプラスできます。

作り方

1. 鍋にたっぷりの湯を沸かし、パスタを入れ、袋の表示時間より2分短くゆでて水けをきる。オリーブ油小さじ2をよくからめる。
2. 白身魚は食べやすい大きさに切り、塩をふる。玉ねぎは薄切りにし、にんにくはみじん切りにする。さば缶は汁けをきる。
3. フライパンにオリーブ油小さじ2を中火で熱し、白身魚を入れて両面を色良く焼く。
4. 白身魚を端に寄せ、空いたスペースにオリーブ油小さじ2、にんにくを弱火で熱し、香りが立ったら玉ねぎを加えてしんなりするまで炒める。トマト缶、さば缶、はちみつ、水100mlを加えて軽く煮込んだら、塩、こしょうで味をととのえる。
5. お弁当箱に 1 を1/5量ずつ詰め、4 を1/5量ずつかけ、ほうれん草を50gずつ入れる。

増量期弁当 24

鶏肉の和風パスタ弁当

冷凍庫にストックされていると
うれしいめん弁当。鶏肉とブロッコリーの
間違いない組み合わせを具材にして、
食べ応えのある冷凍パスタに。
あおさ粉をふることで香りアップ。

Data エネルギーとPFCバランスの目安（1食分）

エネルギー：**707**kcal
タンパク質：**41.7**g
脂質：**22.4**g
糖質：**76.6**g
食物繊維：**10.9**g

保存期間
冷凍 **2** 週間　冷蔵 **3** 日

レンジ加熱
冷凍 **8～12** 分　冷蔵 **4～6** 分

PFC Balance (%)

C 48 / P 24 / F 28

鶏肉の和風パスタ

塩昆布の旨みと塩けが全体の味をととのえてくれて◎

材料（5食分）

パスタ（1.6mm）… 500g
鶏もも肉 … 600g
A ┌ 片栗粉 … 大さじ1（10g）
　└ 塩 … 小さじ1（6g）
ブロッコリー（冷凍／解凍する）… 500g
ちくわ … 4本（200g）
B ┌ 塩昆布・バター … 各10g
　└ しょうゆ … 大さじ1/2（9g）
オリーブ油 … 大さじ1（14g）
あおさ粉（または青のり）… 適宜

Data （1食分）
エネルギー：**707**kcal
タンパク質：**41.7**g
脂質：**22.4**g
糖質：**76.6**g
食物繊維：**10.9**g

> **Muscle Point**
> ちくわは手軽にタンパク質がとれて、コストパフォーマンスも良い優秀食材。料理に使えば旨みもアップ！塩分が多いので、食べすぎには注意。

作り方

1. 鍋にたっぷりの湯を沸かし、パスタを入れ、袋の表示時間より2分短くゆでて水けをきる。
2. 鶏肉は3～4cm角に切り、Aをもみ込む。ちくわは5mm厚さの輪切りにする。
3. フライパンにオリーブ油を中火で熱し、鶏肉を入れ、両面がこんがりとし、火が通るまで焼く。1、ちくわ、ブロッコリー、Bを加えてさっと炒め合わせる。
4. お弁当箱に3を1/5量ずつ詰め、お好みであおさ粉をかける。

ジャージャーめん弁当

肉みそにはえのきだけを合わせて
カサ増し＆食物繊維をプラス。
パンチのきいた味つけに
やみつきになること間違いなしです。
たっぷりの肉みそを中華めんに
からめて召し上がれ。

増量期弁当
25

Data エネルギーとPFCバランスの目安（1食分）

エネルギー：**823kcal**	保存期間	PFC Balance（%）
タンパク質：**39.9g**	冷凍 **2** 週間 冷蔵 **3** 日	P 19
脂質：**34.4g**		C 43 / F 38
糖質：**81.2g**	レンジ加熱	
食物繊維：**10.3g**	冷凍 **8～12分** 冷蔵 **4～6分**	

ジャージャーめん

あんがたっぷりだから、最後までおいしく食べられる！

材料（5食分）

生中華めん … 5玉（500g）
牛豚合いびき肉（牛肉：豚肉＝7：3）… 600g
鶏ひき肉 … 300g
えのきだけ … 400g
ズッキーニ … 1本（160g）
しょうが … 4かけ（60g）
にんにく … 4かけ（20g）

A
- しょうゆ … 大さじ4（72g）
- 甜麺醤・みそ … 各大さじ3（各51g）
- はちみつ … 大さじ2と1/2（52g）
- 鶏がらスープの素（顆粒）…小さじ2（5g）

水溶き片栗粉
　… 片栗粉大さじ4（40g）＋水70ml
塩・こしょう … 各適量
オリーブ油 … 大さじ1（14g）

作り方

1. 中華めんは袋の表示時間より1分短くゆでる。ぬめりがなくなるまで流水でよく洗い、ザルにあげて水けをきる。
2. えのきだけは2cm長さに切り、ズッキーニは3～4cm長さの細切りにする。しょうがはせん切り、にんにくは粗みじん切りにする。
3. フライパンにオリーブ油を中火で熱し、ひき肉を入れて軽く混ぜ合わせたら平らに広げる。あまり動かさずに軽く焦げ目がつくまで焼く。しょうが、にんにくを加えて炒め、香りが立ったらAを加えて炒め合わせる。
4. 水400mlを加え、ひと煮立ちしたら火を止めて、水溶き片栗粉を加えて混ぜる。中火で熱し、とろみがついたら塩、こしょうで味をととのえる。
5. お弁当箱に1を1/5量ずつ詰め、4を1/5量ずつのせ、ズッキーニを1/5量ずつのせる。

Data （1食分）

エネルギー：**823kcal**
タンパク質：**39.9g**
脂質：**34.4g**
糖質：**81.2g**
食物繊維：**10.3g**

🏋 Muscle Point

牛豚合いびき肉に鶏ひき肉を混ぜることで、おいしさを保ちながら余分な脂質を減らせます。鶏ひき肉の割合を増やすと減量期のお弁当になります。

53

Column 補食にピッタリ! おかず&おにぎり

補食にピッタリ!
おかず&おにぎり

洋風サラダチキン

じっくり時間をかけて作る分、
しっとり度はNo.1

Data エネルギーとPFCバランスの目安（1個分）

エネルギー：**442**kcal
タンパク質：**57.6**g
脂質：**18.7**g
糖質：**10.7**g
食物繊維：**0.0**g

保存期間
冷蔵**3**日

PFC Balance (%)
C 10 / F 38 / P 52

材料（1個分）

鶏むね肉（皮なし）… 1枚（300g）
A ┌ ローリエ … 1枚
  │ オリーブ油 … 大さじ1（14g）
  │ 塩 … 小さじ1/2（3g）
  └ こしょう … 適量

作り方

1. 鶏肉はフォークなどで数か所刺す。
2. 耐熱の保存袋に1、Aを入れてもみ込む。袋の中の空気を抜いて口を閉じる。
3. 鍋に2を入れ、つかるくらいの水を入れて中火にかける。沸騰したら火を止めて、そのまま冷めるまで30〜40分ほどおく。

💪 Muscle Point

鶏肉をフォークで数か所刺すことで味がしみ込みやすくなります。

梅サラダチキン

すぐに食べたいときはレンチンが◎　梅でさっぱりと

Data　エネルギーとPFCバランスの目安（1個分）

エネルギー：368kcal	保存期間
タンパク質：57.7g	冷蔵 3日
脂質：4.9g	
糖質：19.1g	
食物繊維：0.7g	

PFC Balance (%)　C 25 / F 12 / P 63

材料（1個分）

鶏むね肉（皮なし）… 1枚（300g）

A
- 梅干し … 正味20g
- 酒 … 大さじ1（15g）
- 片栗粉 … 大さじ1（10g）
- 塩 … 1g

作り方

1. 鶏肉はフォークなどで数か所刺す。
2. ポリ袋に**1**、**A**を入れてもみ込み、10分ほどおく。
3. 耐熱ボウルに**2**を移し入れてラップをかけ、電子レンジで3分加熱する。一度取り出し、上下を返してさらに2分加熱する。

💪 MusclePoint

梅干しには筋肉にたまった乳酸を分解する栄養素が含まれています。

わさびサラダチキン

加熱で辛みがとびやすいので、しっかりぬり込むのがコツ

Data　エネルギーとPFCバランスの目安（1個分）

エネルギー：389kcal	保存期間
タンパク質：57.9g	冷蔵 3日
脂質：5.8g	
糖質：23.0g	
食物繊維：0.1g	

PFC Balance (%)　C 27 / F 13 / P 60

材料（1個分）

鶏むね肉（皮なし）… 1枚（300g）
青じそ … 2枚

A
- 酒 … 大さじ1（15g）
- 片栗粉 … 大さじ1（10g）
- すりおろしわさび（チューブ）… 小さじ2（10g）
- 塩 … 小さじ1/3（2g）

作り方

1. 鶏肉はフォークなどで数か所刺す。
2. ポリ袋に**1**、**A**を入れてもみ込み、10分ほどおく。
3. 耐熱ボウルに**2**を移し入れ、青じそをのせてラップをかけ、電子レンジで3分加熱する。一度取り出し、上下を返してさらに2分加熱する。

💪 MusclePoint

筋トレに欠かせないサラダチキンは、味のレパートリーを増やして、飽きないようにするのがコツ。

Column 補食にピッタリ！おかず＆おにぎり

豆腐ピザ

豆腐感がないのが不思議！
ベーキングパウダーで時短に

Data エネルギーとPFCバランスの目安（1枚分）

エネルギー：**723**kcal
タンパク質：**27.4**g
脂質：**14.5**g
糖質：**114.2**g
食物繊維：**5.9**g

PFC Balance (%)

P 15 / F 18 / C 67

材料（1枚分）

木綿豆腐 … 150g
ピザ用チーズ … 20g
ホールコーン … 10g
バジル … 3枚
A ┌ 薄力粉 … 150g
  │ ベーキングパウダー … 4g
  └ 塩 … 1g

作り方

1. ボウルにAを入れて混ぜ合わせる。豆腐、水30mlを加えてまとまるまでこねたら、5mm厚さに円形にのばす。ピザ用チーズ、汁けをきったコーン、バジルをのせる。
2. フライパンにオーブンシートを敷き、1をのせ、蓋をして弱めの中火で3分ほど蒸し焼きにする。

Muscle Point

豆腐を使って薄力粉を減らせば、
減量期でもピザが楽しめます。

すじ煮風こんにゃく

まるでおつまみのような味わい。おにぎりと合わせても

Data　エネルギーとPFCバランスの目安（全量／たれを含む）

エネルギー：**382**kcal タンパク質：**2.7**g 脂質：**13.8**g 糖質：**45.2**g 食物繊維：**6.6**g	保存期間 冷蔵 **3**日 レンジ加熱 **1**分	PFC Balance (%) P 3 / F 32 / C 65

材料（作りやすい分量）

- こんにゃく（アク抜き済み）… 1枚（300g）
- 片栗粉 … 大さじ2（20g）
- A
  - しょうゆ・みりん … 各大さじ2（各36g）
  - 酒 … 大さじ2（30g）
  - はちみつ … 大さじ1/2（10g）
- ごま油 … 大さじ1（14g）

作り方

1. こんにゃくは縦薄切りにし、1枚ずつ串に蛇腹に通し、片栗粉をまぶす。
2. フライパンにごま油を中火で熱し、1を並べ入れ、水分をとばしながら両面を焼く。表面がカリッとしてきたら、Aを加えてからめながら煮つめる。

💪 Muscle Point

ある程度汁けがとんだら、余熱でからめていくと焦げにくい。

揚げない大学いも

糖質も食物繊維もとれるから、補食にピッタリ！

Data　エネルギーとPFCバランスの目安（全量）

エネルギー：**953**kcal タンパク質：**6.6**g 脂質：**33.2**g 糖質：**137.8**g 食物繊維：**11.3**g	保存期間 冷蔵 **3**日 レンジ加熱 **3**分	PFC Balance (%) P 3 / F 31 / C 66

材料（作りやすい分量）

- さつまいも … 1本（360g）
- A
  - みりん … 大さじ3（54g）
  - しょうゆ … 大さじ1と1/2（27g）
  - 黒いりごま … 大さじ1（10g）
  - はちみつ … 大さじ1/2（10g）
- オリーブ油 … 大さじ2（28g）

作り方

1. さつまいもは1.5～2cm角の乱切りにし、10～15分ほど水にさらし、水けをきる。
2. 耐熱ボウルに1を入れてラップをかけ、電子レンジで5分加熱する。
3. フライパンにオリーブ油を中火で熱し、2を入れて表面がカリッとするまで焼いたら一度取り出す。
4. 3のフライパンをさっと拭き、Aを入れて弱火で加熱する。ふつふつして少しとろみがついてきたら、3を戻し入れてからめる。

💪 Muscle Point

水あめを使わないから、洗い物もラクで作りおきたい一品に。

Column 補食にピッタリ！ おかず＆おにぎり

じゃこと小松菜
小松菜を合わせてビタミン摂取

Data　エネルギーとPFCバランスの目安（1個分）

エネルギー：202kcal	
タンパク質：10.9g	
脂質：1.9g	
糖質：33.2g	
食物繊維：2.1g	

PFC Balance (%)
P 21 / F 9 / C 70

材料（4個分）

温かいごはん … 約1合（350g）
ちりめんじゃこ … 100g
小松菜 … 100g
白いりごま … 大さじ1（10g）
塩・こしょう … 各適量

作り方

1. 小松菜はラップに包み、電子レンジで50秒加熱し、細かく刻む。
2. ボウルに温かいごはん、1、ちりめんじゃこ、白いりごまを入れて混ぜ合わせる。塩、こしょうで味をととのえ、4等分しておにぎりにする。

ちくわと青のり
青のりを加えて磯部焼き風が美味

Data　エネルギーとPFCバランスの目安（1個分）

エネルギー：165kcal	
タンパク質：4.9g	
脂質：0.3g	
糖質：33.6g	
食物繊維：1.4g	

PFC Balance (%)
P 12 / F 2 / C 86

材料（4個分）

温かいごはん … 約1合（350g）
ちくわ（またはかに風味かまぼこ）… 2本（100g）
めんつゆ（3倍濃縮）… 小さじ1（6g）
青のり … 適量

作り方

1. ちくわは薄い輪切りする。
2. ボウルに温かいごはん、1、青のり、めんつゆを入れて混ぜ合わせ、4等分しておにぎりにする。

塩昆布とツナと枝豆 旨み食材を組み合わせて！

Data エネルギーとPFCバランスの目安（1個分）

エネルギー：168kcal
タンパク質：5.4g
脂質：1.0g
糖質：32.2g
食物繊維：2.4g

PFC Balance (%)
P 13
F 5
C 82

材料（4個分）

温かいごはん約1合（350g）、ツナ缶（水煮）1缶（70g）、枝豆正味50g、塩昆布15g

作り方

1. ツナは汁けをきる。
2. ボウルに温かいごはん、1、枝豆、塩昆布を入れて混ぜ合わせ、4等分しておにぎりにする。

さばと青じそ さばの脂と青じその爽やかさがマッチ

Data エネルギーとPFCバランスの目安（1個分）

エネルギー：233kcal
タンパク質：8.5g
脂質：6.8g
糖質：32.3g
食物繊維：2.1g

PFC Balance (%)
P 15
F 26
C 59

材料（4個分）

温かいごはん約1合（350g）、塩さば（または鮭）1切れ（100g）、青じそ10枚、白いりごま大さじ2（20g）

作り方

1. 塩さばはフライパンや魚焼きグリルなどで焼き、骨を取り除いてほぐす。青じそは細かく刻む。
2. ボウルに温かいごはん、1、白いりごまを入れて混ぜ合わせ、4等分しておにぎりにする。

豚キムチーズ おなかが空いているときに食べたい！

Data エネルギーとPFCバランスの目安（1個分）

エネルギー：219kcal
タンパク質：10.4g
脂質：4.1g
糖質：32.5g
食物繊維：1.9g

PFC Balance (%)
P 19
F 17
C 64

材料（4個分）

温かいごはん約1合（350g）、豚ヒレ（またはもも赤身）ブロック肉100g、酒小さじ2（10g）、白菜キムチ100g、ピザ用チーズ50g

作り方

1. 豚肉は小さく切り、酒をもみ込む。キムチはざく切りにする。
2. 耐熱ボウルに1を入れて混ぜ合わせてラップをかけ、電子レンジで4分加熱する。一度取り出して混ぜ、さらに1分加熱する。
3. ボウルに温かいごはん、2、ピザ用チーズを入れて混ぜ合わせ、4等分しておにぎりにする。

Column　筋トレ弁当に必須のおすすめ食材

冷凍するからこそ使いたい食材や、不足しがちな栄養素を手軽にプラスできる食材を紹介。
ストックしやすいものも多いので、とり入れてみて。

切り干し大根
カルシウムやカリウムなどの栄養がたっぷりと含まれ、食物繊維も豊富なので増量期・減量期どちらにもおすすめ。

無脂肪牛乳
普通の牛乳よりカロリーを抑えられ、カルシウムが多くとれる。やや薄味でも、調理すれば気にならないので◎。

おからパウダー
植物性タンパク質を補えるほか、筋トレ弁当を解凍したときにごはんがべちゃっとしてしまうのを防ぐ。

カットわかめ
ミネラルが豊富で低カロリー。栄養バランスをととのえるためにもスープや副菜にとり入れるのがベスト。

高野豆腐
絹ごしや木綿よりも冷凍向き。また、カルシウムや鉄分が豊富なのも特徴。ストックしておくと便利。

塩昆布
ミネラルが豊富なので、脱水や筋肉のつり予防に。おにぎりの具材や、少量をつまんで食べてもOK。

オートミール
タンパク質や食物繊維、ビタミンやミネラルも含む。パン粉の代わりにまぶして、糖質オフ＆栄養価アップ！

ツナ水煮缶
高タンパク、低脂質で、保存も効くすぐれもの。サラダや豆腐にのせて、手軽にタンパク質量をアップ。

脂肪をとことん落とす！
減量期の筋トレ弁当

減量期は全体的に量を減らしていくので、
歯応えのある食材を使って食べ応えのあるおかずに。
筋トレ弁当を食べ切ったときの満足感に
驚くこと間違いなしです。

減量期弁当 1

バターチキン
カレー弁当

アーモンドミルクを使うことで、
生クリーム使用時よりも脂質を抑えつつ、
風味やコクをプラスできるから満足度アップ。

Data エネルギーとPFCバランスの目安（1食分／ターメリックツナライス1/5量）

エネルギー：**466**kcal
タンパク質：**32.4**g
脂質：**7.6**g
糖質：**62.2**g
食物繊維：**6.2**g

保存期間
冷凍 **2** 週間　冷蔵 **3** 日

レンジ加熱
冷凍 **6〜10** 分　冷蔵 **3〜5** 分

PFC Balance (%)

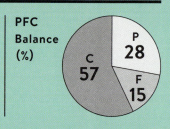

P 28
F 15
C 57

バターチキンカレー

濃厚な味わいだけど、脂質は徹底オフ！

材料（5食分）

鶏むね肉（皮なし）… 2枚（600g）
A
├ プレーンヨーグルト … 200g
├ カレー粉 … 大さじ1（6g）
├ 塩 … 小さじ1/2（3g）
└ こしょう … 少々
にんにく … 4かけ（20g）
しょうが … 1と1/3かけ（20g）
カレー粉 … 大さじ1
ホールトマト缶 … 1缶（400g）
B
├ アーモンドミルク（無糖）… 200ml
├ ピーナッツバター（無糖）… 12g
└ 塩 … 小さじ1（6g）
バター …10g

Data （1食分）

エネルギー：**217**kcal
タンパク質：**26.3**g
脂質：**6.7**g
糖質：**11.3**g
食物繊維：**2.9**g

💪 Muscle Point

味をみて、もの足りない場合は塩を加えて味をととのえて。

作り方

1. 鶏肉は3〜4cm幅のそぎ切りにする。にんにく、しょうがはみじん切りにする。
2. ボウルに鶏肉を入れ、**A**を加えてもみ込み、冷蔵庫で30分ほどおく（一晩おいても○K）。
3. フライパンにバターを弱火で熱し、にんにく、しょうがを入れて香りが立つまで炒める。カレー粉を加え、再び香りが立つまで焦がさないように炒める。
4. トマト缶を加え、トマトをつぶしながら中火で5分ほど煮る。**2**を調味料ごと加え、さらに10分ほど煮る。鶏肉に火が通ってとろみがついたら、**B**を加えてひと煮立ちさせる。

ターメリックツナライス

ツナ缶を入れて、旨みもタンパク質もアップ！

材料（5食分）

米 … 2合
ミックスベジタブル（冷凍）… 1袋（250g）
ツナ缶（水煮）… 1缶（70g）
A
├ 鶏がらスープの素（顆粒）… 小さじ1（2.5g）
└ ターメリックパウダー … 小さじ1（2g）

Data （1食分）

エネルギー：**249**kcal
タンパク質：**6.1**g
脂質：**0.9**g
糖質：**50.8**g
食物繊維：**3.3**g

作り方

1. 米はとぎ、ザルにあげる。ツナは汁けをきる。
2. 炊飯器の内釜に米を入れて**A**を加え、水を2合の目盛りまで加える。ミックスベジタブル、ツナを加えて軽く混ぜ、炊き込みモード（または普通モード）で炊飯する。炊き上がったら混ぜ合わせる。

💪 Muscle Point

ツナ缶は賞味期限も長いので、ストックしておくと便利！ タンパク質を手軽にプラスできます。

ガーリックペッパーライス弁当

減量期弁当 2

にんにくとこしょうが食欲をそそります。たっぷり入れたしめじには食物繊維だけでなく、疲労回復効果があるオルニチンも豊富。

Data エネルギーとPFCバランスの目安（1食分／ガーリックペッパーライス1/5量）

エネルギー：570kcal
タンパク質：30.8g
脂質：8.9g
糖質：86.6g
食物繊維：5.0g

保存期間
冷凍 2 週間　冷蔵 3 日

レンジ加熱
冷凍 6〜10 分　冷蔵 3〜5 分

PFC Balance (%)
P 22
F 14
C 64

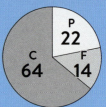

ガーリックペッパーライス

鶏肉とにんにくを組み合わせて、パワーがみなぎるお弁当！

材料（5食分）

鶏むね肉（皮なし）… 2枚（600g）
A ┌ すりおろしにんにく（チューブ）… 小さじ2（10g）
　├ 塩 … 小さじ1（6g）
　└ オールスパイスパウダー … 適量
小麦粉 … 大さじ1（8g）
しめじ … 4パック（400g）
ホールコーン … 250g
にんにく … 6かけ（30g）
塩 … 小さじ1/2（3g）
粗びき黒こしょう … 適量
オリーブ油 … 大さじ1（14g）
バター … 20g
温かいごはん … 3合分

Data （1食分）

エネルギー：**570**kcal
タンパク質：**30.8**g
脂質：**8.9**g
糖質：**86.6**g
食物繊維：**5.0**g

💪 Muscle Point

減量にバターはNGだと思われがちですが、量を調整すればOK。仕上げの粗びき黒こしょうはたっぷりとかけて楽しんで！

作り方

1. 鶏肉は2cm幅のそぎ切りにし、**A**をもみ込み、15分ほどおいたら小麦粉をまぶす。しめじは石づきを切り落としてほぐし、コーンは汁けをきる。にんにくは薄切りにする。
2. フライパンにオリーブ油を中火で熱し、鶏肉を入れて焼く。両面がこんがりとし、火が通ったら取り出す。
3. **2**のフライパンをさっと拭き、バター、にんにく、しめじ、コーンを入れ、しめじがしんなりするまで炒める。
4. 温かいごはんを**3**に加えて炒め合わせ、塩、粗びき黒こしょうを加えて炒める。
5. お弁当箱に**4**を1/5量ずつ詰め、**2**を1/5量ずつのせる。

たけのこごはん弁当

減量期弁当 3

たけのこは低カロリーで、カリウム、食物繊維が豊富な食材。干ししいたけは生に比べて旨みが凝縮され、食物繊維、ビタミンDも数倍に。

Data エネルギーとPFCバランスの目安（1食分／たけのこごはん1/5量）

エネルギー：614kcal タンパク質：31.8g 脂質：5.5g 糖質：97.6g 食物繊維：5.6g	保存期間 冷凍 2 週間　冷蔵 3 日 レンジ加熱 冷凍 6〜10 分　冷蔵 3〜5 分	PFC Balance (%)

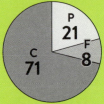

たけのこごはん

水煮を使えば一年中作れる！　ほっとする和のテイストで

材料（5食分）

米 … 3合
たけのこ（水煮）… 250g
しょうが … 2/3かけ（10g）
A ┌ しょうゆ … 大さじ2（36g）
　│ みりん … 大さじ1（18g）
　│ 酒 … 大さじ1（15g）
　└ 塩 … 1つまみ
干ししいたけのもどし汁（＊）
　… 約600ml

作り方

1. 米はとぎ、30分ほど浸水し、ザルにあげる。たけのこの穂先は1cm幅で縦に切り、残りは1cm厚さのいちょう切りにする。しょうがはせん切りにする。
2. 炊飯器の内釜に米を入れ、Aを加えたら、干ししいたけのもどし汁を3合の目盛りまで加えて軽く混ぜる。しょうが、たけのこをのせ、普通モードで炊飯する。炊き上がったら15分ほど蒸らして混ぜる。

Data （1食分）

エネルギー：	**341**kcal
タンパク質：	**6.4**g
脂質：	**0.8**g
糖質：	**72.0**g
食物繊維：	**2.1**g

🏋 Muscle Point

たけのこの水煮を使えば簡単に、一年中作れます。干ししいたけのもどし汁がないときは、市販の顆粒だしを水に溶いたものでOK。

照り焼きチキン

しっかり味の鶏肉をのせて食欲増進！

材料（5食分）

鶏むね肉（皮なし）… 2枚（600g）
A ┌ 酒 … 大さじ1（15g）
　└ 塩 … 1つまみ
片栗粉 … 大さじ1（10g）
B ┌ しょうゆ・みりん … 各大さじ2（各36g）
　└ はちみつ … 5g
ごま油 … 大さじ1（14g）

作り方

1. 鶏肉は2〜3cm幅のそぎ切りにし、Aをもみ込み、10分ほどおき、片栗粉をまぶす。
2. フライパンに**1**を並べてごま油をかけ、両面がこんがりとするまで中火で焼く。**B**を加えて汁けがとぶまで焼きからめる。

🏋 Muscle Point

はちみつは少量でもしっかり甘みがつき、照りも出るので見映えもバッチリ！

Data （1食分）

エネルギー：	**186**kcal
タンパク質：	**23.5**g
脂質：	**4.7**g
糖質：	**10.4**g
食物繊維：	**0.0**g

干ししいたけとれんこんとにんじんの煮もの

歯応えのあるおかずを入れて、咀嚼を促す！

材料（5食分）

干ししいたけ … 15g
れんこん … 300g
にんじん … 140g
A ┌ 干ししいたけのもどし汁（＊）… 200ml
　│ しょうゆ・みりん … 各大さじ2（各36g）
　└ 酒 … 大さじ2（30g）
絹さや … 適宜

作り方

※前日の準備
ボウルに干ししいたけを入れ、水1ℓを加えて冷蔵庫に入れ、干ししいたけをもどしておく。もどし汁はとっておく（＊本レシピに200ml、たけのこごはん（上記参照）に約600ml使う）。

1. しいたけは軸のかたい部分を切り落とす。れんこんは1cm厚さの輪切り、にんじんは乱切りにする。
2. 鍋に**1**、Aを入れて中火にかける。煮立ったらアクを取り除き、少し火を弱め、落とし蓋をして10分ほど煮込む。落とし蓋を外し、軽く混ぜながら煮汁が少なくなるまで5分ほど煮込む。
3. お弁当箱に**2**を1/5量ずつ詰め、お好みで絹さやを添える。

🏋 Muscle Point

和食は健康的なイメージはありますが、実は砂糖が多い料理なので、このレシピではみりんと野菜の甘さをいかして、砂糖はオフ！

Data （1食分）

エネルギー：	**87**kcal
タンパク質：	**1.9**g
脂質：	**0.1**g
糖質：	**15.2**g
食物繊維：	**3.5**g

減量期弁当 4

甘夏チキン弁当

ビタミンCの摂取は筋肉や関節の健康維持、さらには怪我の予防にもつながります。甘夏、パプリカ、ピーマンでビタミンCを補って。

Data エネルギーとPFCバランスの目安（1食分／ごはん120gを含む）

エネルギー：**398**kcal
タンパク質：**26.6**g
脂質：**5.1**g
糖質：**57.9**g
食物繊維：**4.1**g

保存期間
冷凍 **2** 週間　冷蔵 **3** 日

レンジ加熱
冷凍 **6〜10** 分　冷蔵 **3〜5** 分

PFC Balance (%)
P 27 / F 11 / C 62

甘夏チキン
甘夏の果肉を使って、爽やかなおいしさ

材料（5食分）
鶏むね肉（皮なし）… 2枚（600g）
甘夏（またはオレンジ）… 1個
鶏がらスープの素（顆粒）… 小さじ2（5g）
片栗粉 … 大さじ1（10g）
A［はちみつ … 大さじ1（21g）
　 酢 … 小さじ2（10g）
　 しょうゆ … 小さじ1（6g）］
オリーブ油 … 大さじ1（14g）

Data（1食分）
エネルギー：**188**kcal
タンパク質：**23.4**g
脂質：**4.7**g
糖質：**12.5**g
食物繊維：**0.4**g

Muscle Point
メインの甘夏チキンを作ったフライパンでそのまま副菜を作れば、洗い物が減ってラク！

作り方
1. 鶏肉は大きめのそぎ切りにし、甘夏は半分に切り、薄い半月切りを5切れ作り、残りは果肉を取り出しながら果汁を搾る。
2. 鶏肉に甘夏の果汁大さじ1、鶏がらスープの素をもみ込み、片栗粉をまぶす。
3. ボウルにA、甘夏の果肉と果汁合わせて100gを入れて混ぜ合わせる。
4. フライパンにオリーブ油を中火で熱し、2を並べ入れて焼く。焼き色がついたら上下を返して焼き、火が通ったら3を加える。汁が少なくなるまで煮つめてからめる。
5. お弁当箱に詰めるときに甘夏を1切れずつのせる。

＊フライパンはそのままなすとパプリカとピーマンの塩こしょう炒めに使う。

なすとパプリカとピーマンの塩こしょう炒め
彩りの良い野菜をたっぷりと入れて

材料と作り方（5食分）
1. なす2本（200g）は1cm厚さの輪切りにし、パプリカ（赤）2個（200g）、ピーマン2個（100g）は1cm幅に切る。
2. 甘夏チキンを取り出した後のフライパンに1を入れてなすがしんなりとするまで炒め、塩・こしょう各適量で味をととのえる。

Data（1食分）
エネルギー：**23**kcal
タンパク質：**0.7**g
脂質：**0.1**g
糖質：**3.8**g
食物繊維：**2.0**g

Muscle Point
なすに甘夏チキンの旨みを吸わせ、塩、こしょうで味をつけるだけの簡単副菜。栄養も彩りも良い一品です。

ねぎ塩レモンチキン弁当

長ねぎのアリシン、レモンのクエン酸で疲労感を軽減！ごはんが進む味つけにレモンの酸がアクセントになり、満足感も◎。

減量期弁当 5

Data エネルギーとPFCバランスの目安（1食分）／麦ごはん150gを含む

- エネルギー：482kcal
- タンパク質：37.7g
- 脂質：10.2g
- 糖質：54.3g
- 食物繊維：9.9g

保存期間
冷凍 2 週間　冷蔵 3 日

レンジ加熱
冷凍 6〜10 分　冷蔵 3〜5 分

PFC Balance (%)
C 50 / P 31 / F 19

ねぎ塩レモンチキン

ねぎ塩の間違いないおいしさがやみつきに

材料（5食分）

- 鶏むね肉（皮なし）… 700g
- A
  - 酒 … 大さじ1（15g）
  - 片栗粉 … 大さじ1（10g）
  - 鶏がらスープの素（顆粒）… 小さじ1（2.5g）
- レモン（国産）… 1/2個（80g）
- B
  - 長ねぎ（みじん切り）… 120g
  - すりおろしにんにく（チューブ）… 大さじ1と1/2（20g）
  - 鶏がらスープの素（顆粒）… 小さじ4（10g）
  - 白いりごま … 大さじ1（10g）
  - 塩 … 1〜2g
- オリーブ油 … 大さじ1（14g）

作り方

1. 鶏肉は2〜3cm幅のそぎ切りにし、**A**をもみ込み、10分ほどおく。レモンはくし形切りにする。
2. フライパンにオリーブ油を入れ、キッチンペーパーでのばし、鶏肉を並べ入れる。両面に焼き色がついて火が通るまで中火で焼く。
3. **B**、レモンを加えてさっと炒める。

Data（1食分）
- エネルギー：222kcal
- タンパク質：28.1g
- 脂質：6.1g
- 糖質：11.7g
- 食物繊維：1.6g

MusclePoint
長ねぎはたっぷり使うのがおいしさのポイントです。レモンがなければレモン果汁や酢でもOK。酸味を加えて爽やかに仕上げて。

ズッキーニしりしり

しりしりを入れることで、お弁当の彩りがグッとアップ！

材料と作り方（5食分）

1. ズッキーニ大2本（500g）、にんじん120gは4cm長さの細切りにする。ツナ缶（水煮）2缶（140g）は汁けをきる。
2. ボウルに卵2個を割り入れて溶く。
3. フライパンにごま油小さじ1（5g）を中火で熱し、ズッキーニ、にんじんを入れて炒める。しんなりしたら、ツナ、2を加えて混ぜながら炒める。卵に火が通ったら、鶏がらスープの素（顆粒）小さじ1（2.5g）、塩小さじ1/3（2g）を加えてさっと炒める。

Data（1食分）
- エネルギー：83kcal
- タンパク質：6.5g
- 脂質：3.5g
- 糖質：5.7g
- 食物繊維：2.0g

MusclePoint
定番のにんじんしりしりに、たっぷりのズッキーニを入れてボリューム感のある副菜に。ズッキーニはカリウムが豊富なので、脱水症状の予防に効果的です。

減量期弁当 6

鶏むね肉となすの みそ炒め弁当

なすは低カロリーで、ポリフェノールの一種であるナスニンという色素には、抗酸化作用やコレステロールを抑える作用があります。

Data エネルギーとPFCバランスの目安（1食分／玄米ごはん150gを含む）

エネルギー：**593**kcal タンパク質：**38.2**g 脂質：**11.2**g 糖質：**76.5**g 食物繊維：**10.8**g	保存期間 冷凍 **2** 週間　冷蔵 **3** 日 レンジ加熱 冷凍 **6〜10** 分　冷蔵 **3〜5** 分	PFC Balance (%) 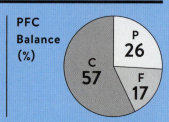

鶏むね肉となすのみそ炒め

みそのコクがごはんとよく合う！

材料（5食分）

鶏むね肉（皮なし）… 2枚（600g）

A ┌ 酒 … 大さじ1（15g）
  │ 片栗粉 … 大さじ1（10g）
  └ 鶏がらスープの素（顆粒）… 大さじ1/2（4g）

なす … 3本（300g）
ピーマン … 4個（200g）

B ┌ みそ … 大さじ2（34g）
  │ 酒 … 大さじ1（15g）
  │ はちみつ … 大さじ1/2（10g）
  └ 赤唐辛子（輪切り）… 適量

ごま油 … 大さじ1（14g）

Data （1食分）

エネルギー：**204**kcal
タンパク質：**24.6**g
脂質：**5.1**g
糖質：**12.1**g
食物繊維：**2.7**g

💪 Muscle Point

なすにあらかじめ油をからめておくことで、少量の油で作れます。焼くときは皮から焼くのが、きれいな色に焼き上げるコツ。

作り方

1. 鶏肉は2〜3cm幅のそぎ切りにし、Aをもみ込み、10分ほどおく。なすは乱切りにし、ピーマンはひと口大に切る。
2. フッ素樹脂加工のフライパンになすを入れ、ごま油をかけてからめたら、中火で1〜2分炒めて一度取り出す。
3. 2のフライパンに鶏肉を入れ、こんがりと焼き色がついて火が通るまで焼く。
4. 2を戻し入れ、ピーマン、Bを加え、汁けが少なくなるまで炒める。

にんじんひらひらしりしり

ひよこ豆も加えて食感のあるおかずに

材料（5食分）

にんじん … 120g
ひよこ豆（水煮）… 230g
ツナ缶（水煮）… 2缶（140g）
卵 … 2個

A ┌ はちみつ … 大さじ1/2（10g）
  │ 鶏がらスープの素（顆粒）… 小さじ1（2.5g）
  └ 塩 … 小さじ1/2（3g）

ごま油 … 小さじ1（5g）

Data （1食分）

エネルギー：**143**kcal
タンパク質：**9.3**g
脂質：**4.3**g
糖質：**13.5**g
食物繊維：**6.0**g

💪 Muscle Point

せん切りより圧倒的にラク！ ピーラーを使ってリボン状の薄切りに。単品での作りおきもおすすめです。

作り方

1. にんじんはピーラーで薄切りにする。ひよこ豆、ツナは汁けをきる。
2. ボウルに卵を割り入れて溶き、Aを加えて混ぜ合わせる。
3. フライパンにごま油を中火で熱し、にんじんを入れて炒める。油がなじんだらひよこ豆、ツナを加えて炒め合わせる。2を流し入れ、混ぜながら火を通す。

減量期弁当 7

揚げない
酢鶏丼弁当

酢に含まれる酢酸は、脂肪の蓄積を抑制するといわれています。
また、糖分と一緒にとることで筋肉の活力源であるグリコーゲンを増やし、疲労回復につながるといわれています。

Data エネルギーとPFCバランスの目安（1食分／ごはん150gを含む）

エネルギー：505kcal	保存期間
タンパク質：27.2g	冷凍 2 週間　冷蔵 3 日
脂質：7.8g	
糖質：74.3g	レンジ加熱
食物繊維：4.1g	冷凍 6〜10 分　冷蔵 3〜5 分

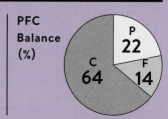

PFC Balance (%)
P 22
F 14
C 64

揚げない酢鶏

揚げずにヘルシー、そして具だくさんがうれしい！

材料（5食分）

鶏むね肉（皮なし）… 2枚（600g）
玉ねぎ … 1個（200g）
ピーマン … 2個（100g）
にんじん … 大1/2本（100g）

A
┌ 酒 … 大さじ1（15g）
│ すりおろしにんにく（チューブ）… 小さじ1（5g）
└ 塩 … 小さじ1/2（3g）

片栗粉 … 大さじ2（20g）

B
┌ 酢 … 大さじ4（60g）
│ トマトケチャップ・みりん … 各大さじ3（各54g）
│ しょうゆ … 大さじ2（36g）
│ 片栗粉 … 大さじ1（10g）
└ 水 … 50ml

オリーブ油 … 大さじ2（28g）

Data （1食分）

エネルギー：**271**kcal
タンパク質：**24.2**g
脂質：**7.5**g
糖質：**22.4**g
食物繊維：**1.8**g

💪 Muscle Point

減量中だけれども、酢豚が食べたい…！ そんな欲望から生まれた低脂質な「酢鶏」。減量中でも中華料理が食べられる幸せ。

作り方

1. 鶏肉は2〜3cm幅のそぎ切りにし、**A**をもみ込み、10分ほどおき、片栗粉をまぶす。玉ねぎ、ピーマンは食べやすい大きさに切り、にんじんは乱切りにする。**B**は混ぜ合わせる。

2. 耐熱ボウルににんじんを入れてラップをかけ、電子レンジで2分加熱する。

3. フライパンにオリーブ油小さじ1を中火で熱し、**2**、玉ねぎ、ピーマンを入れ、しんなりするまで炒めたら一度取り出す。

4. **3**のフライパンに残りのオリーブ油を入れ、鶏肉を入れて両面がこんがりするまで2〜3分焼く。**B**を加えてからめたら**3**を戻し入れ、とろみがつくまで炒め合わせる。

減量期弁当 8

鶏むね肉とにんじんの甘辛煮弁当

乱切りにしたにんじんで食べ応え◎。
まいたけは脂質をエネルギーに変える
ビタミンB_2を、きのこのなかで
もっとも多く含みます。

Data エネルギーとPFCバランスの目安（1食分／ごはん120gを含む）

- エネルギー：472kcal
- タンパク質：32.1g
- 脂質：6.4g
- 糖質：63.3g
- 食物繊維：6.5g

保存期間
冷凍 2週間　冷蔵 3日

レンジ加熱
冷凍 6～10分　冷蔵 3～5分

PFC Balance (%)
P 27
F 12
C 61

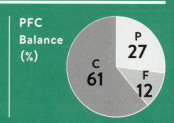

74

鶏むね肉とにんじんの甘辛煮

ごはんによく合う甘辛味で、野菜もモリモリ食べて

材料（5食分）

鶏むね肉（皮なし）… 2枚（600g）
塩・粗びき黒こしょう … 各少々
片栗粉 … 大さじ1（10g）
にんじん … 2本（300g）
まいたけ … 160g
A ┌みりん … 大さじ4（72g）
　└しょうゆ … 大さじ2（36g）
オリーブ油 … 大さじ1（14g）

作り方

1. 鶏肉は大きめのそぎ切りにし、塩、粗びき黒こしょうをふり、片栗粉をまぶす。にんじんは乱切りにする。まいたけはほぐす。
2. 耐熱ボウルににんじんを入れ、水大さじ2〜3（分量外）をかけたらラップをかけ、電子レンジで3分加熱する。
3. フライパンにオリーブ油を中火で熱し、鶏肉を並べ入れて焼く。焼き色がついたら上下を返し、2を加えてさっと炒める。まいたけ、Aを加えて煮汁が半分ほどになるまで煮つめる。

Data （1食分）
エネルギー：**226**kcal
タンパク質：**24.2**g
脂質：**4.9**g
糖質：**17.3**g
食物繊維：**2.8**g

MusclePoint

やさしい味わいの減量弁当です。濃い味やはっきりとした味に疲れたときはこのお弁当一択！

ほうれん草とちくわのあえもの

手軽に使えるちくわでタンパク質アップ！

材料（5食分）

ほうれん草 … 1束（300g）
ちくわ … 3本（150g）
A ┌かつお節 … 1パック（2.5g）
　│白いりごま … 大さじ1（10g）
　└めんつゆ（3倍濃縮）… 大さじ1/2（9g）

作り方

1. ほうれん草は根元を切り落とし、3〜4cm長さに切る。ちくわは斜め薄切りにする。
2. 耐熱ボウルにほうれん草を入れ、ふんわりとラップをかけ、電子レンジで4分加熱する。水にさらし、水けをしぼる。
3. ボウルに2、ちくわ、Aを入れて混ぜ合わせる。

Data （1食分）
エネルギー：**58**kcal
タンパク質：**5.5**g
脂質：**1.3**g
糖質：**4.4**g
食物繊維：**1.9**g

MusclePoint

かつお節は余分な水分をとってくれるので、冷凍弁当のお助けアイテム。タンパク質と旨みも追加してくれます。

減量期弁当 9

ささみとエリンギの磯部焼き弁当

ささみはむね肉よりもさらに高タンパク、低脂肪。ビタミン、ミネラルが豊富な青のりをまとわせておいしく取り入れて。

Data エネルギーとPFCバランスの目安（1食分／玄米ごはん150gを含む）

エネルギー：**534**kcal	保存期間 冷凍 **2** 週間　冷蔵 **3** 日
タンパク質：**32.8**g	
脂質：**9.1**g	レンジ加熱 冷凍 **6~10** 分　冷蔵 **3~5** 分
糖質：**72.0**g	
食物繊維：**10.1**g	

PFC Balance (%)
C 60 / P 25 / F 15

ささみとエリンギの磯部焼き

弾力のあるエリンギがまるでステーキ！　香ばしく仕上げて

材料（5食分）

鶏ささみ … 10本（500g）
A ┌ 酒 … 大さじ1（15g）
　└ 塩・こしょう … 各適量
エリンギ … 250g
B ┌ 片栗粉 … 大さじ3（30g）
　│ 青のり … 大さじ1（3g）
　│ 鶏がらスープの素
　└ 　（顆粒）… 小さじ1（2.5g）
オリーブ油 … 大さじ2（28g）

作り方

1. 鶏ささみは**A**をもみ込み、10分ほどおく。エリンギは縦5mm幅に切る。
2. バットに**B**を入れて混ぜ合わせ、**1**を加えてまぶす。
3. フライパンにオリーブ油を中火で熱し、**2**を入れ、両面がこんがりとし、火が通るまで焼く。

Data（1食分）
エネルギー：**190**kcal
タンパク質：**20.8**g
脂質：**6.2**g
糖質：**10.1**g
食物繊維：**1.9**g

Muscle Point
鶏ささみの筋も大事なタンパク質源。筋は取らずに食べるのが◎。

はんぺんポテト

ふわふわのはんぺんと、つぶしたじゃがいもの相性が抜群！

材料と作り方（5食分）

1. じゃがいも**3個（300g）**は皮をむき、耐熱ボウルに入れてラップをかけ、電子レンジで**6分30秒**加熱し、冷ます。
2. **1**に**はんぺん300g**、**青のり大さじ1（3g）**、**粉チーズ10g**を加え、じゃがいもとはんぺんをつぶしながら混ぜ合わせ、**塩・こしょう各適量**で味をととのえる。

Data（1食分）
エネルギー：**97**kcal
タンパク質：**7.7**g
脂質：**1.1**g
糖質：**10.9**g
食物繊維：**6.1**g

Muscle Point
はんぺんは魚のタンパク質と旨みがたっぷりです。間食にもおすすめの食材。

ささみ青じそチーズサンド弁当

ささみの淡白さをチーズで補って、
ボリューム感もうれしい一品。
カルシウムを牛乳並みに含む小松菜も、
レンチンで手軽にとり入れて！

減量期弁当 10

Data エネルギーとPFCバランスの目安（1食分／ごはん100gを含む）

エネルギー：601kcal	保存期間
タンパク質：54.3g	冷凍2週間 冷蔵3日
脂質：9.7g	
糖質：64.6g	レンジ加熱
食物繊維：3.4g	冷凍6〜10分 冷蔵3〜5分

PFC Balance (%)

P 36 / F 15 / C 49

ささみ青じそチーズサンド

チーズとみその組み合わせは
やみつきになること間違いなし！

材料（5食分）

鶏ささみ … 20本（1kg）
塩・こしょう … 各適量
片栗粉 … 25g
スライスチーズ … 5枚
青じそ … 10枚

A ┌ みそ … 大さじ5（85g）
　└ 酒 … 大さじ5（75g）
片栗粉 … 大さじ5（50g）
オリーブ油 … 大さじ1（14g）

作り方

1. ラップを敷き、鶏ささみをのせてラップをかぶせ、めん棒などでたたいてのばす。塩、こしょうをふり、片栗粉25gを軽くまぶす。スライスチーズは半分に切り、Aは混ぜ合わせる。
2. 1の鶏ささみ1本にそれぞれスライスチーズ1/2枚、青じそを1枚、Aを1/10量ずつのせたら、鶏ささみ1本をのせてサンドし、片栗粉大さじ1をまぶす。これを10個作る。
3. フライパンにオリーブ油を中火で熱し、2を並べ入れ、両面に焼き色がついて火が通るまで焼く。

Data（1食分）
エネルギー：373kcal
タンパク質：45.3g
脂質：9.2g
糖質：21.7g
食物繊維：0.9g

MusclePoint
鶏ささみを豪快に2本使って食べ応え抜群のおかずに。満腹感を高めて、ごはんは控えめに。

小松菜とちくわのレンジ煮

練りものは旨みがあるから、
お弁当にピッタリの食材

材料と作り方（2食分）

1. **小松菜250g**は5cm長さに切り、葉と茎に分ける。**ちくわ5本（250g）**は斜め薄切りにする。
2. 耐熱ボウルに**しょうゆ・みりん各大さじ1（各18g）**、**塩小さじ1/3（2g）**、**水100ml**を入れて混ぜ合わせる。ちくわ、小松菜の茎、小松菜の葉の順に重ねて加えてふんわりとラップをかけ、電子レンジで5分加熱する。混ぜ合わせて味をなじませる。

Data（1食分）
エネルギー：71kcal
タンパク質：7.0g
脂質：0.3g
糖質：8.3g
食物繊維：1.0g

MusclePoint
電子レンジで簡単に作れるから、青菜を取り入れて栄養バランスをととのえましょう。

減量期弁当 11

懐かしい
ミートボール弁当

つなぎにオートミールを使って、
タンパク質量、食物繊維量をアップ。
ひじきには中性脂肪を減らし、
脂肪をつきにくくする作用も。

Data エネルギーとPFCバランスの目安（1食分／ごはん150gを含む）

エネルギー：605kcal
タンパク質：41.0g
脂質：9.5g
糖質：81.8g
食物繊維：9.1g

保存期間
冷凍 2 週間　冷蔵 3 日

レンジ加熱
冷凍 6～10 分　冷蔵 3～5 分

PFC Balance (%)
P 27
F 14
C 59

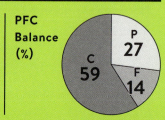

懐かしいミートボール

手作りミートボールは歯応えがあるから、食べ応えもアップ

材料（5食分）

鶏むね肉（皮なし）… 700g
玉ねぎ … 1個（200g）
卵 … 1個
オートミール … 50g
牛乳 … 大さじ2（32g）
A ┌ ナツメグパウダー … 小さじ1（2g）
  │ 塩 … 小さじ1/2（3g）
  └ こしょう … 適量
片栗粉 … 大さじ3（30g）
B ┌ トマトケチャップ … 大さじ5（90g）
  │ ウスターソース … 大さじ3（54g）
  └ しょうゆ … 大さじ1（18g）
オリーブ油 … 大さじ1（14g）
ブロッコリー（冷凍／解凍する）… 250g

Data （1食分）

エネルギー：**313**kcal
タンパク質：**31.8**g
脂質：**7.1**g
糖質：**27.8**g
食物繊維：**4.1**g

MusclePoint

つなぎにオートミールを使うことで食物繊維もとれます。代わりに豆腐80gでもOKです。

作り方

1. 鶏肉はフードプロセッサー（または包丁）でミンチにする。玉ねぎはみじん切りにする。
2. ボウルに卵を割り入れて溶き、Aを加えて混ぜ合わせる。
3. 別のボウルに牛乳、オートミールを入れてしばらくおき、オートミールがふやけたら1、2を加えて粘りが出るまでよく混ぜる。20等分して丸めて少しつぶし、片栗粉を薄くまぶす。
4. フライパンにオリーブ油を中火で熱し、3を入れてあまり動かさずに焼く。焼き色がついたら蓋をして、弱火で7分ほど蒸し焼きにする。蓋を外してB、水200mlを加え、とろみがつくまで5分ほど煮込む。
5. お弁当箱に詰めるときにブロッコリーを50gずつ添える。

ひじきとおからのチーズサラダ

海そうを取り入れることで、栄養バランスがととのう！

材料（5食分）

ひじき（ドライパック）… 200g
カッテージチーズ … 200g
おからパウダー … 大さじ2と1/2（15g）
めんつゆ（3倍濃縮）… 大さじ1（17g）
酢 … 大さじ1（15g）

Data （1食分）

エネルギー：**58**kcal
タンパク質：**6.2**g
脂質：**2.1**g
糖質：**2.0**g
食物繊維：**2.8**g

MusclePoint

カッテージチーズはチーズのなかでも特に脂質が少ないので、減量中にチーズを食べたいときは活用してみて。

作り方

ボウルにすべての材料、水50mlを入れて混ぜ合わせる。

減量期弁当 12

レンチンそぼろ丼弁当

鶏むね肉＆レンチンで脂質オフ。
もやしは食べ応えを増すだけでなく、
疲労回復に効果があるアスパラギン酸も
多く含むダイエットの味方。

Data エネルギーとPFCバランスの目安（1食分／ごはん150gを含む）

エネルギー：608kcal
タンパク質：53.1g
脂質：9.0g
糖質：72.8g
食物繊維：5.4g

保存期間
冷凍 2 週間　冷蔵 3 日

レンジ加熱
冷凍 6〜10 分　冷蔵 3〜5 分

PFC Balance (%)
P 35
F 13
C 52

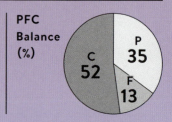

レンチンそぼろ

2種類の味のそぼろで、ごはんが進む!

材料 (5食分)

鶏むね肉（皮なし）… 2枚（600g）

A
- 片栗粉 … 大さじ1（10g）
- みそ … 小さじ2と1/2（15g）
- 酒・すりおろししょうが（チューブ）… 各小さじ2（各10g）
- しょうゆ・みりん … 各小さじ1（各6g）

B
- コチュジャン … 大さじ1と1/2（21g）
- 片栗粉 … 大さじ1（10g）
- 酒 … 小さじ2（10g）
- しょうゆ … 小さじ1（6g）
- すりおろしにんにく（チューブ）… 小さじ1（5g）

作り方

1. 鶏肉はフードプロセッサー（または包丁）でミンチにする。
2. 2つの耐熱ボウルに1を2等分して入れ、片方にA、もう片方にBを加えて混ぜ合わせる。
3. 中央をくぼませるようにして広げたらラップをかけ、1つずつ電子レンジで3分加熱する。一度取り出してほぐし混ぜ、さらに2分加熱し、ほぐし混ぜる。
4. お弁当箱にごはんを150gずつ詰め、3をそれぞれ1/5量ずつのせる。

Data （1食分／ごはんを除く）

エネルギー：**292**kcal
タンパク質：**46.9**g
脂質：**4.1**g
糖質：**15.6**g
食物繊維：**0.1**g

💪 Muscle Point

電子レンジで作れるから、フライパンや鍋などの洗い物が出なくてラク！ 減量弁当を続けるためにも大切なポイントです。

にんじん・もやし・小松菜のナムル

彩りを良くするナムルで、見映えの良いお弁当に

材料 (5食分)

もやし … 1袋（200g）
にんじん … 120g
小松菜 … 130g

A
- しょうゆ … 大さじ1（18g）
- 鶏がらスープの素（顆粒）… 小さじ2（5g）
- すりおろしにんにく（チューブ）… 小さじ1（5g）

白すりごま … 大さじ1（10g）×5

作り方

1. にんじんは3〜4cm長さの細切りにし、小松菜は3〜4cm長さに切る。
2. 1、もやしをそれぞれ耐熱のポリ袋に入れて袋の口を軽くしばる。電子レンジでにんじん、小松菜は1分30秒、もやしは2分加熱する。
3. Aを混ぜ合わせ、2のそれぞれに1/3量ずつ加えて混ぜ合わせる。
4. お弁当箱に詰めるときにごはんの上に白すりごまを大さじ1ずつ広げ、3を1/5量ずつのせる。

Data （1食分）

エネルギー：**82**kcal
タンパク質：**3.3**g
脂質：**4.6**g
糖質：**5.3**g
食物繊維：**3.0**g

💪 Muscle Point

ナムルの下にすりごまやおからパウダー、かつお節を大さじ1程度敷いておくと、水分を吸ってくれてべちゃべちゃになるのを軽減してくれます。

減量期弁当 13

大豆入りドライキーマカレー弁当

鶏むね肉で脂をオフしつつ、たっぷり野菜としめじで栄養とおいしさは満点。植物性タンパク質がとれる大豆は、食感のアクセントにも。

Data エネルギーとPFCバランスの目安（1食分／玄米ごはん100gを含む）

エネルギー：**640**kcal
タンパク質：**62.9**g
脂質：**11.6**g
糖質：**64.4**g
食物繊維：**10.3**g

保存期間
冷凍 **2** 週間　冷蔵 **3** 日

レンジ加熱
冷凍 **6〜10** 分　冷蔵 **3〜5** 分

PFC Balance (%)
C 44
P 39
F 16

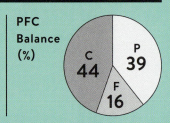

大豆入りドライキーマカレー

鶏肉と大豆でバランス良くタンパク質を取り入れて

材料（5食分）

鶏むね肉（皮なし）… 1.4kg
玉ねぎ … 1個（200g）
トマト … 1個（150g）
大豆（水煮）… 150g
にんじん … 1本（150g）
しめじ … 1パック（100g）
にんにく … 4かけ（20g）
しょうが … 1と1/3かけ（20g）
A ┌ ウスターソース … 大さじ5（108g）
　└ トマトケチャップ … 大さじ6（90g）
カレー粉 … 50g
オリーブ油 … 大さじ1（14g）
パセリ … 適宜

Data （1食分／玄米ごはんを除く）

エネルギー：**476**kcal
タンパク質：**60.0**g
脂質：**10.5**g
糖質：**30.4**g
食物繊維：**8.9**g

💪 Muscle Point

大豆を加えることでタンパク質・食物繊維をプラスできます。大豆は水きりした木綿豆腐に代えてもOKです。

作り方

1. 鶏肉はフードプロセッサー（または包丁）でミンチにする。玉ねぎ、にんじん、しめじ、にんにく、しょうがはフードプロセッサーでみじん切りにする。トマトは1cm角に切る。大豆は汁けをきる。

2. フライパンにオリーブ油を弱火で熱し、にんにく、しょうがを入れて香りが立つまで炒める。玉ねぎ、にんじんを加えてしんなりするまで炒めたら（玉ねぎがあめ色になるまで炒めるとさらにおいしい）、しめじ、トマトを加えてさらに1〜2分炒める。

3. 中火にし、鶏肉とカレー粉を加えて炒める。鶏肉に火が通ったら、A、大豆を加えて汁けがとぶまで炒める。

4. お弁当箱に玄米ごはんを150gずつ詰め、3を1/5量ずつのせ、お好みでパセリを添える。

減量期弁当 14

はんぺんバーグ弁当

はんぺんは低脂質、低カロリーでかつ
魚のタンパク質を手軽に摂取できる食材。
鶏むね肉と合わせてハンバーグをふわふわの食感に。

Data　エネルギーとPFCバランスの目安（1食分／ごはん150gを含む）

エネルギー：532kcal	保存期間 冷凍 2 週間　冷蔵 3 日
タンパク質：36.2g	
脂質：9.4g	レンジ加熱 冷凍 6〜10分　冷蔵 3〜5分
糖質：69.7g	
食物繊維：5.8g	

PFC Balance (%)

P 27 / F 16 / C 57

はんぺんバーグ

ふわふわのハンバーグを真ん中にドンとのせて、迫力満点！

材料（5食分）

鶏むね肉（皮なし）… 700g
はんぺん … 100g
玉ねぎ … 1/2個（100g）

A ┌ 片栗粉 … 大さじ2（20g）
　│ 白いりごま … 大さじ1（10g）
　│ すりおろししょうが（チューブ）… 小さじ2（10g）
　│ 鶏がらスープの素（顆粒）… 小さじ2（5g）
　│ しょうゆ … 大さじ1/2（9g）
　└ すりおろしにんにく（チューブ）… 小さじ1（5g）

オリーブ油 … 大さじ1（14g）

作り方

1. 鶏肉はフードプロセッサー（または包丁）でミンチにする。玉ねぎはみじん切りにする。
2. ボウルに 1、はんぺん、Aを入れ、はんぺんをつぶしながらよくこねる。5等分して小判形に成形し、中心をくぼませる。
3. フライパンにオリーブ油を中火で熱し、2 を並べ入れる。蓋をして、こんがりとして火が通るまで片面5分ほどずつ焼く。

Data（1食分）

エネルギー：229kcal
タンパク質：29.7g
脂質：6.3g
糖質：13.1g
食物繊維：0.6g

MusclePoint
パン粉の代わりにはんぺんをつなぎにしてタンパク質アップ。しっとりと旨みがあふれて◎。

ほうれん草と枝豆とコーンのパワー炒め

にんにくの香りで食欲をかき立てて！

材料と作り方（5食分）

1. ほうれん草250gは3〜4cm長さに切り、水に10分ほどつけてえぐみを抜き、水けをきる。にんにく1かけ（5g）は薄切りにする。
2. フライパンにバター10g、にんにくを中火で熱し、香りが立ったらほうれん草、枝豆正味100g、汁けをきったホールコーン100g、酒大さじ1（15g）を入れて炒める。ほうれん草がしんなりしたらしょうゆ大さじ1（18g）を加え、汁けをとばすように炒める。

Data（1食分）

エネルギー：69kcal
タンパク質：3.5g
脂質：2.9g
糖質：4.7g
食物繊維：3.0g

MusclePoint
バターは最小限に抑えて、カロリーオフに。コーンの自然の甘みを楽しんで。

レバニラ丼弁当

にらに含まれるアリシンと一緒に摂取することで、
レバーに豊富に含まれるビタミンB₁の
吸収率が高まり、疲労回復効果が高い一品に。

減量期弁当 15

Data エネルギーとPFCバランスの目安（1食分／ごはん150gを含む）

エネルギー：**446**kcal
タンパク質：**23.2**g
脂質：**7.7**g
糖質：**65.3**g
食物繊維：**3.8**g

保存期間
冷凍 **2** 週間　冷蔵 **3** 日

レンジ加熱
冷凍 **6~10** 分　冷蔵 **3~5** 分

PFC Balance (%)
P 21 / F 15 / C 64

レバニラ

不足しがちな鉄分を補うレバーは定期的に取り入れて

材料（5食分）

鶏レバー（ハツを含む）
　…600g
A ┌ 酒 … 大さじ 2（30g）
　└ 塩 … 小さじ1/2（3g）
しょうゆ … 大さじ 1（18g）
片栗粉 … 大さじ 2（20g）
もやし … 1 袋（200g）
にら … 60g

長ねぎ … 1 本（100g）
しょうが … 2 かけ（15g）
にんにく … 1 かけ（10g）
B ┌ オイスターソース … 大さじ 1（19g）
　│ しょうゆ … 大さじ 1（18g）
　└ 酒 … 大さじ 1（15g）
ごま油 … 大さじ 1（14g）

Data（1食分）
エネルギー：**212**kcal
タンパク質：**20.2**g
脂質：**7.4**g
糖質：**13.4**g
食物繊維：**1.5**g

Muscle Point
鉄分が豊富なレバーは筋トレ中におすすめの食材ですが、苦手な場合は鶏むね肉に代えてもおいしく食べられる味つけです。

作り方

1. レバーはAをもみ込み、10分ほどおいたら水で洗い、キッチンペーパーで水けを拭き取る。ハツは切り込みを入れて開く。合わせてボウルに入れ、しょうゆをもみ込み、10分ほどおいたら片栗粉をまぶす。
2. にらは3cm長さに切り、長ねぎ、しょうが、にんにくはみじん切りにする。Bは混ぜ合わせる。
3. 耐熱ボウルにもやしを入れてラップをかけ、電子レンジで2分加熱し、キッチンペーパーで水けを拭き取る。
4. フライパンにごま油大さじ1/2を中火で熱し、1を広げて入れ、両面に焼き色がつくまで焼く。
5. レバーとハツを端に寄せ、空いたスペースに残りのごま油を入れ、長ねぎ、しょうが、にんにくを加えて香りが立つまで炒める。3、Bを加えて全体を炒め合わせ、にらを加えてさっと炒める。

減量期弁当 16

炊飯器パエリア弁当

炊飯器で手軽にできて油もオフ。
えびは鶏むね肉や鶏ささみよりも高タンパクで低脂質。
さらにサフランには血行改善の効果も。

Data エネルギーとPFCバランスの目安（1食分／炊飯器パエリア1/5量）

エネルギー：**447**kcal
タンパク質：**24.9**g
脂質：**1.4**g
糖質：**79.6**g
食物繊維：**3.1**g

保存期間
冷凍 **2** 週間　冷蔵 **3** 日

レンジ加熱
冷凍 **6〜10** 分　冷蔵 **3〜5** 分

PFC Balance (%)
P 22　F 3　C 75

炊飯器パエリア

炊飯器に具材を入れて炊くだけで、見た目が豪華なパエリア風に

材料（5食分）

米 … 3合
いか（冷凍）… 500g
えび … 5尾
ピーマン・パプリカ（赤）… 合わせて250g
しめじ … 1と1/2パック（250g）
にんにく … 1かけ（5g）
サフラン … 1つまみ
A ┌ 塩 … 小さじ1（6g）
  └ コンソメ（顆粒）… 小さじ1（3g）

作り方

1. 米はとぎ、ザルにあげる。ピーマン、パプリカは5mm幅に切り、にんにくは薄切りにし、しめじは石づきを切り落としてほぐす。サフランは水100mlにつける。
2. 炊飯器の内釜に米を入れ、にんにく、ピーマン、パプリカ、しめじをのせたら、いか、えびをのせてAを加える。1のサフラン水を加え、3合の目盛りまで水を足し、普通モードで炊飯する。

Data （1食分）

エネルギー：**447**kcal
タンパク質：**24.9**g
脂質：**1.4**g
糖質：**79.6**g
食物繊維：**3.1**g

💪 MusclePoint

いかを鶏むね肉に代えて、チキンパエリアにして味を変えて楽しんでも◎。 サフランがない場合は、風味は変わりますがターメリックパウダー小さじ1を入れて炊けば黄色いごはんに!

減量期弁当 17

いか韓国風炒め丼弁当

いかは高タンパクで低脂質なうえ、タウリンという筋肉疲労を軽減するアミノ酸も多く含む優秀な食材。赤唐辛子で発汗作用もプラス。

Data エネルギーとPFCバランスの目安（1食分／玄米ごはん120gを含む）

エネルギー：**469**kcal
タンパク質：**27.6**g
脂質：**6.3**g
糖質：**67.1**g
食物繊維：**7.3**g

保存期間
冷凍 **2** 週間　冷蔵 **3** 日

レンジ加熱
冷凍 **6～10** 分　冷蔵 **3～5** 分

PFC Balance (%)

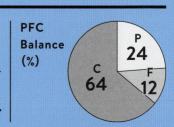

P 24
F 12
C 64

いか韓国風炒め

ピリッと辛い韓国風の味つけで箸が進む!

材料（5食分）

いか（冷凍／解凍する）… 500g
さつま揚げ … 10枚（300g）
じゃがいも … 2個（200g）
にんじん … 1本（150g）
にら … 100g
A
├ みりん … 大さじ2（36g）
├ 酒 … 大さじ2（30g）
├ みそ … 大さじ1（17g）
├ コチュジャン … 大さじ1（14g）
├ すりおろしにんにく（チューブ）… 大さじ1（13g）
└ 粉唐辛子 … 適宜
赤唐辛子（輪切り）… 1本分
オリーブ油 … 大さじ1（14g）

Data （1食分）

エネルギー：**272**kcal
タンパク質：**24.1**g
脂質：**4.9**g
糖質：**26.4**g
食物繊維：**5.6**g

💪MusclePoint

冷凍いかはシーフードミックスでもOK。えびや貝の旨みがじゃがいもにしみて旨みアップ!

作り方

1. さつま揚げは3cm幅に切る。じゃがいもは皮をむき、ひと口大に切る。にんじんは4cm長さの細切りにし、にらは4〜5cm長さに切る。Aは混ぜ合わせる。
2. 耐熱ボウルにじゃがいも入れてラップをかけ、電子レンジで5分加熱する。
3. フライパンにオリーブ油、赤唐辛子を弱火で熱し、赤唐辛子がこんがりとしてきたら中火にし、いかを入れて焼く。両面に焼き色がついたらさつま揚げ、にんじんを加え、にんじんがしんなりするまで炒める。A、2を加えて炒め合わせる。汁けが少なくなってきたらにらを加えてさっと炒める。

減量期弁当 18

白身魚のみそ
チーズ焼き弁当

カルシウムの吸収に不可欠なビタミンDが豊富な白身魚にチーズを合わせて、丈夫な体づくりを。野菜のグリルでビタミンを補って。

Data エネルギーとPFCバランスの目安（1食分／ごはん150gを含む）

エネルギー：472kcal	保存期間
タンパク質：24.4g	冷凍2週間 冷蔵3日
脂質：8.6g	
糖質：68.7g	レンジ加熱
食物繊維：5.8g	冷凍6〜10分 冷蔵3〜5分

PFC Balance (%)　P 21　F 16　C 63

白身魚のみそチーズ焼きと野菜のグリル

オーブンで焼くから、野菜の甘みをグッと引き出せる！

材料（5食分）

白身魚（たらなど）… 5切れ（500g）
塩 … 小さじ1/2（3g）
かぼちゃ … 200g
パプリカ（赤）… 1個（100g）
エリンギ … 100g
そら豆（枝豆やひよこ豆などでも）… 正味100g
A ┌ みそ … 大さじ2（34g）
　└ みりん … 大さじ1（18g）
スライスチーズ … 5枚
粗びき黒こしょう … 適量
オリーブ油 … 大さじ1（14g）

Data（1食分）
エネルギー：238kcal
タンパク質：21.4g
脂質：8.3g
糖質：16.8g
食物繊維：3.5g

Muscle Point
脂質が低く淡白な味わいの白身魚は、こってりとした味つけを合わせて楽しんで。鯛や鮭に代えてもOK。

作り方

1. 白身魚は塩をふり、10分ほどおいたらキッチンペーパーで水けを拭き取る。かぼちゃは薄切りにし、パプリカは1cm幅に切り、エリンギは縦5mm幅に切る。Aは混ぜ合わせる。
2. ボウルにかぼちゃ、パプリカ、エリンギ、そら豆を入れて混ぜ合わせ、オリーブ油を加えてからめる。
3. 天板にオーブンシートを敷き、白身魚を並べ、それぞれにAをぬる。スライスチーズを1枚ずつのせ、粗びき黒こしょうをふる。空いたスペースに2を敷き詰め、170℃に予熱したオーブンで30分ほど焼く。

炊飯器で鮭弁当

鮭は魚のなかでもタンパク質が豊富。
赤い色素アスタキサンチンには疲労回復効果も。
副菜で栄養を補って、歯応えもプラス。

減量期弁当 19

Data　エネルギーとPFCバランスの目安（1食分／玄米ごはん150gを含む）

エネルギー：416kcal
タンパク質：26.6g
脂質：7.4g
糖質：54.1g
食物繊維：10.8g

保存期間
冷凍 2 週間　冷蔵 3 日

レンジ加熱
冷凍 6～10分　冷蔵 3～5分

PFC Balance (%)
C 58 / P 26 / F 16

炊飯器で鮭
炊飯と同時に鮭も調理ができてラク！

材料（5食分）
玄米… 2 合
紅鮭（切り身）… 5 切れ（80g×5 切れ）

作り方
1. 玄米は 1 時間以上浸水し、ザルにあげる。
2. 炊飯器の内釜に **1** を入れ、水を 2 合の目盛りまで加える。鮭をのせ、玄米モード(なければ普通モード)で炊飯する。

Data （1食分）
エネルギー：309kcal
タンパク質：18.5g
脂質：4.5g
糖質：46.5g
食物繊維：1.8g

MusclePoint
炊飯器で炊くから、鮭の旨みがごはんにしみ込みます。減量中には銀鮭よりも、脂質が少ない紅鮭がおすすめです。

ブロッコリーとカリフラワーのゆずこしょうあえ
おからパウダーでサラダの水け対策をして！

材料と作り方（5食分）
1. ブロッコリー（冷凍）500g、カリフラワー（冷凍）500gは解凍する。さけるチーズ2 本（50g）は裂く。
2. ボウルにブロッコリー、カリフラワー、**めんつゆ（3 倍濃縮）大さじ 2（34g）、酢大さじ 2（30g）、ゆずこしょう小さじ 2（12g）**を入れて混ぜ合わせる。
3. お弁当箱に詰めるときに**おからパウダーを大さじ1/2（3g）**ずつ広げ、**2** を1/5量ずつのせ、**さけるチーズを10g**ずつのせる。

Data （1食分）
エネルギー：107kcal
タンパク質：8.1g
脂質：3.0g
糖質：7.5g
食物繊維：9.0g

MusclePoint
ダイエットの定番野菜を、ゆずこしょうと酢でさっぱりと召し上がれ。チーズは解凍時にとろけて良い感じに仕上がります。

減量期弁当 20

さばのハーブ焼き弁当

EPAやDHAが豊富なさばをハーブ焼きで。
ナッツはカロリーが高いものの、
食物繊維や良質な脂質がとれる食材なので
適度に取り入れて。

Data エネルギーとPFCバランスの目安（1食分／ごはん150gを含む）

エネルギー：657kcal
タンパク質：30.2g
脂質：25.5g
糖質：70.7g
食物繊維：7.0g

保存期間
冷凍 2 週間　冷蔵 3 日

レンジ加熱
冷凍 6〜10 分　冷蔵 3〜5 分

PFC Balance (%)
P 18
F 35
C 47

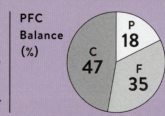

さばのハーブ焼き

さばはハーブと一緒に焼いて臭みを消すと、お弁当にも◎

材料（5食分）

塩さば（切り身）… 5切れ（500g）
バジル（乾燥）・タイム（乾燥）… 各大さじ1/2（各3g）
片栗粉 … 大さじ3（30g）
オリーブ油 … 大さじ1（14g）

作り方

1. さばはハーブをまぶしてから片栗粉をまぶす。
2. フライパンにオリーブ油を中火で熱し、1を皮目を下にして入れて3分ほど焼く。上下を返し、さらに3分ほど焼く。

Data （1食分）

エネルギー：**312**kcal
タンパク質：**22.9**g
脂質：**19.1**g
糖質：**12.0**g
食物繊維：**0.0**g

💪 Muscle Point

ハーブはお好みでOK。ローズマリーやディルなども爽やかでおいしく仕上がります。カレー粉に代えてごはんと相性抜群な味つけにしても。

ブロッコリーとにんじんのバーニャカウダあえ

後を引くアンチョビベースのソースで、野菜をたっぷり召し上がれ

材料（5食分）

ブロッコリー … 1株（250g）
にんじん … 大1と1/4本（250g）
ミックスナッツ（無塩）… 50g
A ┌ アンチョビペースト … 10g
  │ 酒 … 大さじ1（15g）
  │ すりおろしにんにく（チューブ）… 小さじ2（10g）
  └ 粗びき黒こしょう … 少々

作り方

1. ブロッコリーは小房に分け、にんじんは3〜4cm長さの細切りにする。ミックスナッツは粗く刻む。
2. 耐熱ボウルにブロッコリー、にんじんを入れてラップをかけ、電子レンジで2分30秒加熱し、水けをきる。
3. ボウルに2、ミックスナッツ、Aを入れて混ぜ合わせる。

Data （1食分）

エネルギー：**111**kcal
タンパク質：**4.3**g
脂質：**6.1**g
糖質：**6.9**g
食物繊維：**4.7**g

💪 Muscle Point

アンチョビがない場合は、ツナ缶＋ナンプラーやいかの塩辛に代えても◎。分量は少なめから味をみて調整してください。

鮭とさつまいもの甘辛焼き弁当

減量期弁当 21

魚と肉でタンパク質をおいしくWで摂取。オクラに含まれるペクチンには、コレステロールの吸収を抑える作用や整腸作用があります。

Data エネルギーとPFCバランスの目安（1食分／ごはん150gを含む）

エネルギー：614kcal
タンパク質：27.8g
脂質：14.7g
糖質：84.4g
食物繊維：5.1g

保存期間
冷凍 2 週間　冷蔵 3 日

レンジ加熱
冷凍 6〜10 分　冷蔵 3〜5 分

PFC Balance (%)

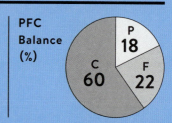

P 18
F 22
C 60

鮭とさつまいもの甘辛焼き

さつまいもで腹持ち抜群！

材料（5食分）

銀鮭（切り身）… 5切れ（500g）
片栗粉 … 大さじ2（20g）
さつまいも … 300g
A しょうゆ・みりん … 各大さじ3（各54g）
オリーブ油 … 大さじ1（14g）
あおさ粉（または青のり）… 適量

Data（1食分）

エネルギー：**338**kcal
タンパク質：**18.1**g
脂質：**14.2**g
糖質：**30.5**g
食物繊維：**1.9**g

作り方

1. 鮭は3〜4cm幅に切り、片栗粉をまぶす。さつまいもは1.5cm角に切る。
2. 耐熱ボウルにさつまいもを入れてふんわりとラップをかけ、電子レンジで5分加熱する。
3. フライパンにオリーブ油を中火で熱し、鮭を入れ、両面に焼き色がつくまで焼く。
4. 2、Aを加えて炒め合わせ、たれをからめたら、あおさ粉をかけてさっと炒める。

💪 Muscle Point

片栗粉をまぶして焼くことで、解凍後のバサつきを軽減させることができます。また、甘辛いたれがよくからむので、おいしく仕上がります。

ささみとオクラのポン酢あえ

電子レンジでパパッと作れる！

材料（5食分）

鶏ささみ … 3本（150g）
オクラ … 10本（100g）
A ┌ 酒 … 大さじ1（15g）
　└ 塩 … 少々
B ┌ ポン酢しょうゆ … 大さじ2（32g）
　└ かつお節 … 1パック（2.5g）

Data（1食分）

エネルギー：**42**kcal
タンパク質：**6.7**g
脂質：**0.2**g
糖質：**2.0**g
食物繊維：**1.0**g

作り方

1. オクラは板ずりをし、ガクを取る。
2. 耐熱ボウルに鶏ささみを入れ、1をのせ、Aを加えてラップをかけ、電子レンジで5分加熱する。そのまま2〜3分おき、余熱で火を通す。
3. キッチンバサミで鶏ささみを小さく切り、オクラを斜め半分に切る。
4. ボウルに3、Bを入れて混ぜ合わせる。

💪 Muscle Point

魚1切れだけだとちょっとタンパク質が足りないな…そんなときには鶏ささみをプラスして。大容量パックなどで安いときにまとめて買って、冷凍ストックしておくのがベスト。

減量期弁当 22

豚ヒレチャーシューめん弁当

豚ヒレ肉は、豚肉のなかでもっとも脂質が少なく低カロリーな部位。あっさりしつつもコクがある、本格的な味のしょうゆスープで満足感も◎。

Data エネルギーとPFCバランスの目安（1食分／汁は除く）

エネルギー：504kcal
タンパク質：32.5g
脂質：5.4g
糖質：75.2g
食物繊維：7.7g

保存期間
冷凍2週間　冷蔵3日

レンジ加熱（加熱後、熱湯を注ぐ）
冷凍6〜10分　冷蔵3〜5分

PFC Balance (%)
P 26
F 9
C 65

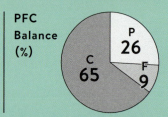

豚ヒレチャーシューめん

減量期間でも、めん弁当が楽しめる！

材料（5食分）

蒸し中華めん（太めん）… 1kg
豚ヒレブロック肉 … 500g
長ねぎ（青い部分）… 10cm
なると … 150g
ホールコーン … 100g
カットわかめ（乾燥）… 10g

A ┌ しょうゆ … 大さじ10（180g）
　│ 酒 … 大さじ5（75g）
　│ みりん … 大さじ2（36g）
　│ オイスターソース … 小さじ2（14g）
　│ 鶏がらスープの素（顆粒）… 大さじ1と1/2（11g）
　│ かつお節 … 2パック（5g）
　└ 塩昆布 … 5g
粉ゼラチン … 10g
オリーブ油 … 大さじ1（14g）

Data （1食分）

エネルギー：**504**kcal
タンパク質：**32.5**g
脂質：**5.4**g
糖質：**75.2**g
食物繊維：**7.7**g

💪 Muscle Point

熱いうちに粉ゼラチンを入れると
うまく固まらず、冷たいと溶けに
くくダマになりやすいので、60
℃を目安に加えて。

作り方

1. 蒸し中華めんは袋の表示時間より2分短くゆでる（大きい鍋がなければ2回に分けると良い）。ぬめりがなくなるまで流水でよく洗い、ザルにあげて水けをきる。
2. 豚肉は5mm幅に切り、なるとは5mm厚さの斜め薄切りにする。わかめは水につけてもどし、コーンは汁けをきる。
3. フライパンにオリーブ油を中火で熱し、豚肉、長ねぎを入れ、豚肉の両面に焼き色がつくまで焼く。**A**を加え、煮立ったら火を止めてしばらくおく。触れる程度（約60℃）まで冷めたら豚肉、長ねぎを取り出す。
4. **3**の煮汁に粉ゼラチンを加え、よく混ぜる。大きめの容器に入れて冷蔵庫に入れ、ゼリー状に固まるまでおく。
5. お弁当箱に**1**を1/5量ずつ詰め、豚肉、なると、わかめ、コーンを1/5量ずつのせる。最後に**4**を1/5量ずつのせる。
6. 食べるときに電子レンジで加熱後、熱湯を200〜280ml（味をみて調節する）注いで食べる。

減量期弁当 23

牛赤身肉の
ボロネーゼ弁当

ひき肉の代わりに赤身肉を使うことで脂質を大幅オフ。セロリはカリウム、ビタミンB群、食物繊維を豊富に含むので減量期におすすめ。

Data エネルギーとPFCバランスの目安（1食分）

エネルギー：**642**kcal
タンパク質：**34.0**g
脂質：**14.2**g
糖質：**83.4**g
食物繊維：**8.0**g

保存期間
冷凍 **2** 週間　冷蔵 **3** 日

レンジ加熱
冷凍 **6〜10** 分　冷蔵 **3〜5** 分

PFC Balance (%)

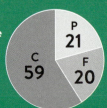

P 21 / F 20 / C 59

牛赤身肉のボロネーゼ

牛肉と野菜の旨みがたまらない！

材料 (5食分)

パスタ（2〜3mmの平打ち）… 500g
牛赤身肉 … 600g
玉ねぎ … 1/2個（100g）
にんじん … 大1/2本（100g）
セロリ … 1本（100g）
にんにく … 3かけ（15g）
赤ワイン … 150ml

A
┌ ホールトマト缶 … 1缶（400g）
│ トマトケチャップ … 大さじ4（72g）
│ みりん … 大さじ1/2（9g）
└ 塩・粗びき黒こしょう … 各少々

しょうゆ … 大さじ1/2（9g）
バター … 10g
パセリ … 適量

Data (1食分)

エネルギー：**642**kcal
タンパク質：**34.0**g
脂質：**14.2**g
糖質：**83.4**g
食物繊維：**8.0**g

💪 Muscle Point

輸入牛の牛もも肉など、できるだけ脂の少ないものを選ぶのがベスト。パスタは袋の表示時間より短めにゆでておけば、レンチン解凍後にちょうど良いやわらかさになります。

作り方

1. 牛肉はフードプロセッサー（または包丁）でミンチにする。玉ねぎ、にんじん、セロリ、にんにくはフードプロセッサー（または包丁）でみじん切りにする。
2. フライパンに牛肉を入れ、平らに広げて中火で焼く。あまり動かさずに軽く焦げ目がつくまで焼く。
3. 玉ねぎ、にんじん、セロリ、にんにく、バターを加え、玉ねぎが透き通るまで炒める。
4. 赤ワインを加えて煮立たせ、アルコールをとばしたらAを加える。とろみがつくまで煮込んだら火を止める（しばらく休ませるとよりおいしくなる）。
5. 鍋にたっぷりの湯を沸かし、パスタを入れ、袋の表示時間より2分短くゆでて水けをきる。
6. 4にしょうゆ、水80mlを加え、再び火にかけて温める（パスタにからみやすいようにする）。
7. 5に6をからめ、1/5量ずつお弁当箱に詰め、パセリを散らす。

減量期弁当 24

きのことチキンとさつまいもの
クリームパスタ弁当

クリーム系も無脂肪牛乳を使うことで脂質オフ！
ごろごろ具材でタンパク質と食物繊維をとりつつ、
カルシウムも補給できて◎。

Data エネルギーとPFCバランスの目安（1食分）

エネルギー：**668**kcal
タンパク質：**42.7**g
脂質：**8.3**g
糖質：**95.0**g
食物繊維：**8.6**g

保存期間
冷凍 **2** 週間　冷蔵 **3** 日

レンジ加熱
冷凍 **6～10** 分　冷蔵 **3～5** 分

PFC Balance (%)

P 26　C 63　F 11

きのことチキンとさつまいものクリームパスタ

きのこやさつまいもなど、整腸作用のある食材がたっぷり！

材料（5食分）

パスタ（2～3mmの平打ち）… 500g
鶏むね肉（皮なし）… 700g
A ┌ 酒 … 大さじ1（15g）
　├ 鶏がらスープの素（顆粒）
　│　… 小さじ2（5g）
　└ すりおろしにんにく
　　　（チューブ）… 小さじ1（5g）
小麦粉 … 大さじ2（16g）
さつまいも … 250g
しめじ … 2と1/2パック（250g）

にんにく … 3かけ（15g）
B ┌ 鶏がらスープの素（顆粒）
　│　… 小さじ2（5g）
　├ 白ワイン … 100ml
　└ ローリエ … 1枚
無脂肪牛乳 … 300ml
塩・こしょう … 各適量
オリーブ油 … 大さじ1（14g）
バター … 10g

Data（1食分）
エネルギー：**668**kcal
タンパク質：**42.7**g
脂質：**8.3**g
糖質：**95.0**g
食物繊維：**8.6**g

Muscle Point
きのことさつまいもの食物繊維でおなかがすっきり！ 食物繊維を一緒にとることで、糖の吸収を抑え、血糖値の急激な上昇を防げます。

作り方

1. 鍋にたっぷりの湯を沸かし、パスタを入れ、袋の表示時間より2分短くゆでて水けをきる。
2. 鶏肉は1.5cm幅のそぎ切りにする。Aをもみ込み、10分ほどおいたら小麦粉大さじ1をまぶす。さつまいもはひと口大に切り、しめじは石づきを切り落としてほぐす。にんにくは薄切りにする。
3. 耐熱ボウルにさつまいもを入れてラップをかけ、電子レンジで3分加熱する。
4. フライパンにオリーブ油、にんにくを弱火で熱し、香りが立ったら鶏肉を入れ、焦がさないように弱めの中火で薄く焼き色がつくまで焼く。しめじ、バターを加えて軽く炒めたら、残りの小麦粉を加えて混ぜ、全体になじませる。B、水100mlを加えて混ぜ、3を加えて3分ほど煮込む。牛乳を加えて混ぜ、塩、こしょうで味をととのえる。
5. お弁当箱に 1 を1/5量ずつ詰め、4 を1/5量ずつかける。

炊き込み魚チーズリゾット弁当

無脂肪牛乳、カッテージチーズを使うことで、おいしさを保ちつつ脂質オフ。たらと豆からタンパク質をバランス良くとれます。

減量期弁当 25

Data　エネルギーとPFCバランスの目安（1食分）

エネルギー：530kcal
タンパク質：31.0g
脂質：3.7g
糖質：87.6g
食物繊維：6.7g

保存期間　冷凍 2 週間　冷蔵 3 日

レンジ加熱　冷凍 6~10 分　冷蔵 3~5 分

PFC Balance (%)　P 23　F 6　C 71

炊き込み魚チーズリゾット

魚の旨みが溶け込んでおいしい！　チーズは最後に混ぜて

材料（5食分）

米 … 3 合
たら（切り身／またはほかの白身魚）… 500g
ミックスベジタブル（冷凍）… 300g
ミックスビーンズ（ドライパック）… 100g
玉ねぎ … 1/2個（100g）
にんにく … 3 かけ（15g）
カッテージチーズ … 200g
コンソメ（顆粒）… 小さじ 1（3g）
A ┌ 無脂肪牛乳 … 500ml
　├ 塩 … 小さじ1/3（2g）
　└ こしょう … 適量

Data （1食分）

エネルギー：530kcal
タンパク質：31.0g
脂質：3.7g
糖質：87.6g
食物繊維：6.7g

Muscle Point
魚の形を残したい場合は、3で魚を取り出してから混ぜ合わせて、お弁当箱にリゾットを詰めてから魚を等分にしてのせましょう。

作り方

1. 米はとぎ、ザルにあげて水けをきる。玉ねぎはみじん切りにし、にんにくは薄切りにする。
2. 炊飯器の内釜に米、にんにく、玉ねぎ、コンソメ、ミックスビーンズ、ミックスベジタブル、たらの順に入れる。水を 3 合の目盛りまで加え、早炊きモードで炊飯する。
3. 炊き上がったらカッテージチーズ、A を加えて混ぜ合わせる。

Column 補食にピッタリ！おやつ&ドリンク&スープ

補食にピッタリ！おやつ&ドリンク&スープ

アボカドヨーグルトバーク

暑いときに食べたい！ひんやりスイーツ

Data エネルギーとPFCバランスの目安（全量）

- エネルギー：**356**kcal
- タンパク質：**12.1**g
- 脂質：**19.1**g
- 糖質：**30.4**g
- 食物繊維：**7.1**g

保存期間 冷凍 **1** 週間

PFC Balance (%)
- P 14
- F 48
- C 38

材料（作りやすい分量）

- アボカド … 1個（正味90〜100g）
- ミックスベリー（冷凍）… 50g
- A
  - ギリシャヨーグルト（無糖／または水きりヨーグルト）… 100g
  - はちみつ … 大さじ1（21g）
  - レモン果汁 … 少々

作り方

1. ボウルにアボカドを入れてペースト状にし、Aを加えてなめらかになるまで混ぜ合わせる。
2. バットにラップを敷き、1を流し入れ、7〜8mm厚さになるようにゴムベラで平たくのばす。ミックスベリーを散らし、冷凍庫で2時間以上おいて固める。
3. 大きく割って器に盛る。

💪 Muscle Point

ギリシャヨーグルトがない場合は、不織布ペーパータオルでヨーグルトを1時間〜一晩水きりする。ミックスベリーはブルーベリーや、バナナの輪切りなど、お好みの果物に代えても。

豆腐米粉蒸しパン

米粉を使っているから、もっちり感が◎

Data エネルギーとPFCバランスの目安（全量）

エネルギー：**485**kcal タンパク質：**15.5**g 脂質：**9.3**g 糖質：**82.1**g 食物繊維：**4.5**g	保存期間 冷蔵**3**日	PFC Balance (%) P 13 / F 17 / C 70

材料（12×12cmの容器1個分）

A ┌ 木綿豆腐 … 150g
　├ 米粉 … 80g
　├ はちみつ … 小さじ2（14g）
　└ ピュアココアパウダー … 10g

ベーキングパウダー … 4g

🦾 Muscle Point
ピュアココアパウダーは砂糖が入っていないから◎

作り方
1. ボウルにAを入れ、豆腐をつぶしながら混ぜ合わせる。ベーキングパウダー、水20mlを加えてさらに混ぜる。
2. 耐熱容器に入れてラップをかけ、電子レンジで4分加熱する。
3. 粗熱がとれたら4等分に切る。

プロテインチョコレートケーキ

バナナとプロテインが入って、腹持ち抜群！

Data エネルギーとPFCバランスの目安（全量）

エネルギー：**404**kcal タンパク質：**35.7**g 脂質：**11.4**g 糖質：**36.0**g 食物繊維：**5.1**g	保存期間 冷蔵**3**日	PFC Balance (%) 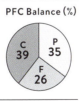C 39 / P 35 / F 26

材料（16×11cmの容器1個分）

バナナ … 小1本（正味60g）
卵 … 1個
無調整豆乳（または低脂肪牛乳、アーモンドミルクなどでもOK）… 50g
オートミール … 30g

A ┌ プロテインパウダー（チョコレート風味）… 30g
　├ 甘味料（エリスリトールやラカントなど）… 10g
　└ ピュアココアパウダー … 5g

ベーキングパウダー … 2g

🦾 Muscle Point
プロテインを飲むのが苦手な人は、おやつで食べやすくしてこまめに取り入れて。

作り方
1. 耐熱容器にオートミールを入れ、豆乳を加えてふやかす。
2. ボウルにバナナを入れ、つぶしてペースト状にする。別のボウルに卵を割り入れて溶く。
3. 1に2、Aを加えて混ぜ合わせる。ベーキングパウダーを加えて混ぜ、ラップをかけ、電子レンジで4分加熱する。中心が生焼けの場合は1～2分ずつ追加で加熱する。
4. 粗熱がとれたら8等分に切る。

Column 補食にピッタリ！おやつ＆ドリンク＆スープ

プロテインサンド

プロテインを食べる！　新感覚おやつ

Data　エネルギーとPFCバランスの目安（1個分）

エネルギー：**242**kcal
タンパク質：**20.1**g
脂質：**4.3**g
糖質：**30.3**g
食物繊維：**2.3**g

PFC Balance (%)

P 33 / F 16 / C 51

材料（2個分）

A ┌ ソイプロテインパウダー（またはピープロテイン
　│ 　パウダー／ノンフレーバー）… 30g
　└ ピュアココアパウダー・はちみつ … 各10g
無調整豆乳（または無脂肪牛乳）… 70〜100ml
イングリッシュマフィン … 2個

作り方

1. ボウルにAを入れて混ぜ合わせる。パンにぬれるかたさになるまで様子を見ながら、豆乳を少しずつ加えて混ぜ合わせる。
2. イングリッシュマフィンを横半分に切り、1をぬってはさむ。

🏋 Muscle Point
フレーバーつきプロテインの場合は、ココアパウダーとはちみつは入れずに作ってください。

りんごのみりんコンポートとヨーグルト

ヨーグルトに甘みを加えたいときにおすすめ！

Data　エネルギーとPFCバランスの目安
（りんごのみりんコンポート50g、ギリシャヨーグルト100g）

エネルギー：**226**kcal
タンパク質：**12.9**g
脂質：**5.5**g
糖質：**26.5**g
食物繊維：**1.4**g

保存期間（りんごのみりんコンポート）
冷蔵 **1** 週間

PFC Balance (%)

P 23 / F 22 / C 55

材料（作りやすい分量）

りんご … 1個（300g）
みりん … 100g
ギリシャヨーグルト（無糖／または水きりヨーグルト）… 500g

作り方

1. りんごは16等分のくし形切りにして芯を取り除く。
2. 耐熱ボウルに1、みりんを入れ、ラップをかけずに電子レンジで5分加熱する。
3. 器にヨーグルトを100gずつ盛り、2を3切れ（約50g）ずつのせる。

🏋 Muscle Point
りんごは腸の動きを活発にしてくれるので、すっきりしたいときに。

米粉プロテインパンケーキ

朝ごはんに取り入れて、しっかりタンパク質をチャージ！

Data エネルギーとPFCバランスの目安（全量）

エネルギー：399kcal	保存期間
タンパク質：25.3g	冷蔵 3日
脂質：12.1g	
糖質：46.5g	
食物繊維：1.2g	

PFC Balance (%)
P 25 / F 28 / C 47

材料（2枚分）

- A
  - 米粉 … 50g
  - プロテインパウダー（チョコレートフレーバー）… 30g
  - ベーキングパウダー … 4g
- オリーブ油 … 小さじ2（10g）
- ミックスベリー（冷凍）… 適量

作り方

1. ボウルに**A**、水100mlを入れて混ぜ合わせる。
2. フライパンにオリーブ油小さじ1を中火で熱し、1を半量流し入れる。焼き色がついたら上下を返し、火が通ったら取り出す。残りの半量も同様にして焼く。
3. 4等分に切って器に盛り、ミックスベリーを添える。

さつまいもブラウニー

濃厚なブラウニーが、レンチンでパパッと完成！

Data エネルギーとPFCバランスの目安（1個分）

エネルギー：217kcal	保存期間
タンパク質：4.2g	冷蔵 3日
脂質：6.2g	
糖質：34.0g	
食物繊維：4.9g	

PFC Balance (%)
P 8 / F 25 / C 67

材料（直径8cmの容器4個分）

- 焼きいも（市販）… 300g
- A
  - ピーナッツバター（無糖）… 40g
  - ピュアココアパウダー … 25g
  - はちみつ … 大さじ1（21g）
  - 塩 … 少々

作り方

1. ボウルに皮をむいた焼きいもを入れ、つぶしてペースト状にする。**A**を加えて混ぜ合わせる。
2. 耐熱容器に入れ、ラップをかけずに電子レンジで5分加熱する。
3. 粗熱がとれたら冷蔵庫に入れ、冷やして食べる。

Muscle Point

さつまいもを蒸しても良いですが、市販の焼きいもはすぐに食べられるから便利。甘みははちみつで調節して、ピーナッツバターとココアパウダーは無糖のものを使って、エネルギーをコントロールして。

Column 補食にピッタリ！おやつ&ドリンク&スープ

ブルーベリーチーズスムージー

カッテージチーズが入って、ケーキのような味わい！

Data エネルギーとPFCバランスの目安（1食分）

エネルギー：**192**kcal
タンパク質：**28.3**g
脂質：**3.3**g
糖質：**10.6**g
食物繊維：**2.6**g

PFC Balance (%) — C 26 / F 15 / P 59

材料（1食分）

- ブルーベリー（冷凍）… 50g
- カッテージチーズ … 30g
- レモン果肉 … 20g
- プロテインパウダー（ノンフレーバーまたはバニラフレーバー）… 30g
- 無脂肪牛乳 … 50ml
- 氷 … 30g

作り方

ミキサーにすべての材料を入れ、なめらかになるまで撹拌する。

グリーンキウイスムージー

飲みやすさ満点の組み合わせ。ビタミン補給もバッチリ！

Data エネルギーとPFCバランスの目安（1食分）

エネルギー：**265**kcal
タンパク質：**26.0**g
脂質：**9.6**g
糖質：**15.1**g
食物繊維：**5.4**g

PFC Balance (%) — C 28 / F 33 / P 39

材料（1食分）

- キウイフルーツ … 1個（正味70g）
- アボカド … 正味40g
- バナナ … 正味20g
- ほうれん草（または小松菜／冷凍）… 20g
- プロテインパウダー（ノンフレーバーまたはバニラフレーバー）… 30g
- 低脂肪牛乳（または無脂肪牛乳、無調整豆乳やアーモンドミルク）… 50ml
- 氷 … 30g

作り方

ミキサーにすべての材料を入れ、なめらかになるまで撹拌する。

ラズベリースムージー

ラズベリーが爽やかな後味にしてくれる！

Data エネルギーとPFCバランスの目安（1食分）

エネルギー：**209**kcal
タンパク質：**25.1**g
脂質：**5.6**g
糖質：**13.2**g
食物繊維：**2.9**g

PFC Balance (%) — C 28 / F 24 / P 48

材料（1食分）

- ラズベリー … 30g
- バナナ … 正味30g
- アボカド … 正味20g
- プロテインパウダー（ノンフレーバーまたはバニラフレーバー）… 30g
- 低脂肪牛乳 … 50ml
- 氷 … 30g

作り方

ミキサーにすべての材料を入れ、なめらかになるまで撹拌する。

食物繊維海そうスープ

塩昆布で味が決まる！

Data エネルギーとPFCバランスの目安（1食分）

- エネルギー：92kcal
- タンパク質：9.1g
- 脂質：5.5g
- 糖質：0.7g
- 食物繊維：1.5g

PFC Balance (%)：P 40 / F 54 / C 6

材料（1食分）

- カットわかめ（乾燥）… 2g
- 塩昆布 … 2g
- 高野豆腐 … 1個
- 熱湯 … 200ml

作り方

耐熱カップにわかめ、塩昆布、高野豆腐を入れ、熱湯を注ぎ、わかめ、高野豆腐がもどるまでおく。

消化促進さっぱりスープ

たっぷりの切り干し大根でおなかすっきり！

Data エネルギーとPFCバランスの目安（1食分）

- エネルギー：50kcal
- タンパク質：1.2g
- 脂質：0.2g
- 糖質：8.3g
- 食物繊維：3.9g

PFC Balance (%)：P 10 / F 3 / C 87

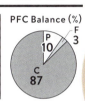

材料（1食分）

- 切り干し大根（乾燥）… 15g
- 梅干し … 正味20g
- すりおろししょうが（チューブ）… 小さじ1（5g）
- 熱湯 … 200ml

作り方

1. 切り干し大根はさっと洗う。
2. 耐熱カップに1、梅干し、すりおろししょうがを入れて熱湯を注ぎ、切り干し大根がもどるまでおく。

MusclePoint

梅干しをみそ大さじ1/2～1に代えるとみそ汁になります。

サンラータン風スープ

酢の効果で疲労回復にも◎

Data エネルギーとPFCバランスの目安（1食分）

- エネルギー：229kcal
- タンパク質：16.1g
- 脂質：16.0g
- 糖質：4.5g
- 食物繊維：0.4g

PFC Balance (%)：P 28 / F 63 / C 9

材料（1食分）

- 高野豆腐 … 1個
- 卵 … 1個
- A
  - しょうゆ … 大さじ1/2（9g）
  - 鶏がらスープの素（顆粒）… 小さじ1（2.5g）
  - すりおろししょうが（チューブ）… 小さじ1/2（3g）
- 熱湯 … 200ml
- B
  - 酢 … 小さじ1（5g）
  - ラー油 … 適量

作り方

耐熱カップに卵を割り入れて溶き、Aを加えて混ぜ合わせる。熱湯を注ぎ、高野豆腐、Bを加え、高野豆腐がもどるまでおく。

食材別料理さくいん

肉・肉加工品
■牛肉
牛丼の具…42
牛肉とセロリのオイスター炒め…44
牛すじ煮込み…46
牛赤身肉のボロネーゼ…98

■豚肉
台湾風肉…36
豚ハニーレモン…40
モツ煮…45
豚キムチーズ…59
豚ヒレチャーシューめん…96

■鶏肉
オレンジチキン…14
サテ風チキン…16
バッファローチキン…18
チーズタッカルビ風…20
鶏めし…21
さつまいものオイスター炒め…21
鶏ケバブ…22
ジャークチキン…24
麻婆高野豆腐…26
炊飯器チキンライスでオムライス風…28
ガパオ…29
タンドリーチキン…30
炊飯器チキントマト煮…32
焼き鮭とオートミールチキンカツ…34
台湾風肉…36
アジアングリルチキン…37
揚げないフライドチキン…38
ささみチンジャオロース―…40
モツ煮…45
鶏肉の和風パスタ…52
洋風サラダチキン…54
梅サラダチキン…55
わさびサラダチキン…55
バターチキンカレー…62
ガーリックペッパーライス…64
照り焼きチキン…66
甘夏チキン…68
ねぎ塩レモンチキン…69
鶏むね肉となすのみそ炒め…70
揚げない酢鶏…72
鶏むね肉とにんじんの甘辛煮…74
ささみとエリンギの磯部焼き…76
ささみ青じそチーズサンド…77
懐かしいミートボール…78
レンチンそぼろ…80
大豆入りドライキーマカレー…82
はんぺんバーグ…84
レバニラ…85
ささみとオクラのポン酢あえ…94
きのことチキンとさつまいものクリームパスタ…100

■ひき肉
ジャージャーめん…53

■サラダチキン
切り干し大根と豆苗のサラダ…14

魚介類・魚介加工品
■いか
炊飯器パエリア…86
いか韓国風炒め…88

■えび
炊飯器パエリア…86

■鮭
焼き鮭とオートミールチキンカツ…34
炊飯器で鮭…91
鮭とさつまいもの甘辛焼き…94

■さば・さば缶
焼きさばのあんかけ…48
白身魚とさば缶のトマトパスタ…50
さばと青じそ…59
さばのハーブ焼き…92

■シーフードミックス
パッタイ風うどん…37

シーフードのピラフ…38
焼きさばのあんかけ…48

■たら
白身魚とさば缶のトマトパスタ…50
白身魚のみそチーズ焼きと野菜のグリル…90
炊き込み魚チーズリゾット…101

■アンチョビペースト
ブロッコリーとにんじんのバーニャカウダあえ…92

■かつお節
ほうれん草とちくわのあえもの…74
ささみとオクラのポン酢あえ…94
豚ヒレチャーシューめん…96

■かに風味かまぼこ
ツナかにきゅうり…30
ピーマンのコチュジャンあえ…34

■魚肉ソーセージ
魚肉ジャンバラヤ…18

■さつま揚げ
いか韓国風炒め…88

■ちくわ
キャベツとちくわのセビーチェ…24
鶏肉の和風パスタ…52
ちくわと青のり…58
ほうれん草とちくわのあえもの…74
小松菜とちくわのレンジ煮…77

■ちりめんじゃこ
じゃこと小松菜…58

■ツナ缶
ツナかにきゅうり…30
ほうれん草とツナのナッツあえ…44
塩昆布とツナと枝豆…59
ターメリックツナライス…62
ズッキーニしりしり…69
にんじんひらひらしりしり…70

■なると
豚ヒレチャーシューめん…96

■はんぺん
はんぺんポテト…76
はんぺんバーグ…84

海そう・海そう加工品
■青のり・あおさ粉
ちくわと青のり…58
ささみとエリンギの磯部焼き…76
はんぺんポテト…76
鮭とさつまいもの甘辛焼き…94

■韓国のり
冷凍ほうれん草の韓国のりあえ…21

■塩昆布
鶏肉の和風パスタ弁当…52
塩昆布とツナと枝豆…59
豚ヒレチャーシューめん…96
食物繊維海そうスープ…107

■ひじき
ひじきとおからのチーズサラダ…78

■わかめ
豚ヒレチャーシューめん…96
食物繊維海そうスープ…107

野菜・野菜加工品
■青じそ
わさびサラダチキン…55
さばと青じそ…59
ささみ青じそチーズサンド…77

■枝豆
塩昆布とツナと枝豆…59
ほうれん草と枝豆とコーンのパワー炒め…84

■オクラ
ささみとオクラのポン酢あえ…94

■かぼちゃ
白身魚のみそチーズ焼きと野菜のグリル…90

■カリフラワー
ブロッコリーとカリフラワーのゆずこしょうあえ…91

■キャベツ
チーズタッカルビ風…20
鶏ケバブ…22
キャベツとちくわのセビーチェ…24
ブロッコリーとキャベツのコールスロー…38

■きゅうり
ツナかにきゅうり…30

■グリーンピース
ライス＆ピーズ…24

■小ねぎ
モツ煮…45

■ごぼう
鶏めし…21

■小松菜
じゃこと小松菜…58
小松菜とちくわのレンジ煮…77
にんじん・もやし・小松菜のナムル…80

■さやいんげん
シーフードのピラフ…38

■ズッキーニ
ジャージャーめん…53
ズッキーニしりしり…69

■セロリ
牛肉とセロリのオイスター炒め…44
牛赤身肉のボロネーゼ…98

■そら豆
白身魚のみそチーズ焼きと野菜のグリル…90

■大根・切り干し大根
切り干し大根と豆苗のサラダ…14
モツ煮…45
消化促進さっぱりスープ…107

■たけのこ
たけのこごはん…66

■玉ねぎ・紫玉ねぎ
チーズタッカルビ風…20
鶏ケバブ…22
キャベツとちくわのセビーチェ…24
牛丼の具…42
焼きさばのあんかけ…48
白身魚とさば缶のトマトパスタ…50
揚げない酢鶏…72
懐かしいミートボール…78
大豆入りドライキーマカレー…82
はんぺんバーグ…84
牛赤身肉のボロネーゼ…98
炊き込み魚チーズリゾット…101

■チンゲン菜
台湾風肉…36
焼きさばのあんかけ…48

■豆苗
切り干し大根と豆苗のサラダ…14

■トマト・ミニトマト・トマト缶
鶏ケバブ…22
炊飯器チキントマト煮…32
白身魚とさば缶のトマトパスタ…50
バターチキンカレー…62
大豆入りドライキーマカレー…82
牛赤身肉のボロネーゼ…98

■長ねぎ
鶏むね肉とさつまいものオイスター炒め…21

108

麻婆高野豆腐…26
台湾風ぐ…36
牛すじ煮込み…46
ねぎ塩レモンチキン…69
レバニラ…85
豚ヒレチャーシューめん…96

■なす
なすとパプリカとピーマンの塩こしょう炒め…68
鶏むね肉となすのみそ炒め…70

■にら
パッタイ風うどん…37
レバニラ…85
いか韓国風炒め…88

■にんじん
炊飯器チキンライスでオムライス風…28
シーフードのピラフ…38
モツ煮…45
牛すじ煮込み…46
焼きさばのあんかけ…48
干ししいたけとれんこんとにんじんの煮もの…66
ズッキーニしりしり…69
にんじんひらひらしりしり…70
揚げない酢鶏…72
鶏むね肉とにんじんの甘辛煮…74
にんじん・もやし・小松菜のナムル…80
大豆入りドライキーマカレー…82
いか韓国風炒め…88
ブロッコリーとにんじんのバーニャカウダあえ…92
牛赤身肉のボロネーゼ…98

■パプリカ・ピーマン
テンペとピーマンのスパイス炒め…16
魚肉ジャンバラヤ…18
ガパオ…29
ピーマンのコチュジャンあえ…34
ささみチンジャオロース…40
なすとパプリカとピーマンの塩こしょう炒め…68
鶏むね肉となすのみそ炒め…70
揚げない酢鶏…72
炊飯器パエリア…86
白身魚のみそチーズ焼きと野菜のグリル…90

■ブロッコリー
ブロッコリーとキャベツのコールスロー…38
鶏肉の和風パスタ…52
懐かしいミートボール…78
ブロッコリーとカリフラワーのゆずこしょうあえ…91
ブロッコリーとにんじんのバーニャカウダあえ…92

■ホールコーン
焼き鮭とオートミールチキンカツ…34
豆腐ピザ…56
ガーリックペッパーライス…64
ほうれん草と枝豆とコーンのパワー炒め…84
豚ヒレチャーシューめん…96

■ほうれん草
冷凍ほうれん草の韓国のりあえ…21
ほうれん草入り炒り卵…30
ほうれん草とツナのナッツあえ…44
白身魚とさば缶のトマトパスタ…50
ほうれん草とちくわの甘辛煮もの…74
ほうれん草と枝豆とコーンのパワー炒め…84
グリーンキウイスムージー…106

■ミックスベジタブル
ターメリックツナライス…62
炊き込み魚チーズリゾット…101

■水菜
水菜とおからのゆずこしょうあえ…46

■もやし
にんじん・もやし・小松菜のナムル…80
レバニラ…85

■れんこん
干ししいたけとれんこんとにんじんの煮もの…66

きのこ
■えのきだけ
ジャージャーめん…53

■エリンギ
ささみとエリンギの磯部焼き…76
白身魚のみそチーズ焼きと野菜のグリル…90

■しいたけ・干ししいたけ
麻婆高野豆腐…26
牛丼の具…42
干ししいたけとれんこんとにんじんの煮もの…66

■しめじ
チーズタッカルビ風…20
炊飯器チキントマト煮…32
牛肉とセロリのオイスター炒め…44
ガーリックペッパーライス…64
大豆入りドライキーマカレー…82
炊飯器パエリア…86
きのことチキンとさつまいものクリームパスタ…100

■まいたけ
鶏むね肉とにんじんの甘辛煮…74

■マッシュルーム
魚肉ジャンバラヤ…18

いも
■さつまいも・焼きいも
チーズタッカルビ風…20
鶏むね肉とさつまいものオイスター炒め…21
揚げない大学いも…57
鮭とさつまいもの甘辛焼き…94
きのことチキンとさつまいものクリームパスタ…100
さつまいもブラウニー…105

■じゃがいも
焼き鮭とオートミールチキンカツ…34
はんぺんポテト…76
いか韓国風炒め…88

こんにゃく
すじ煮風こんにゃく…57

卵
炊飯器チキンライスでオムライス風…28
ほうれん草入り炒り卵…30
焼き鮭とオートミールチキンカツ…34
レンチン卵焼き…44
ズッキーニしりしり…69
にんじんひらひらしりしり…70
懐かしいミートボール…78
プロテインチョコレートケーキ…103
サンラータン風スープ…107

乳製品
■カッテージチーズ
ひじきとおからのチーズサラダ…78
炊き込み魚チーズリゾット…101
ブルーベリーチーズスムージー…106

■牛乳
揚げないフライドチキン…38
懐かしいミートボール…78
きのことチキンとさつまいものクリームパスタ…100
炊き込み魚チーズリゾット…101
ブルーベリーチーズスムージー…106
グリーンキウイスムージー…106
ラズベリースムージー…106

■粉チーズ
ブロッコリーとキャベツのコールスロー…38
はんぺんポテト…76

■さけるチーズ
ブロッコリーとカリフラワーのゆずこしょうあえ…91

■スライスチーズ
ささみ青じそチーズサンド…77
白身魚のみそチーズ焼きと野菜のグリル…90

■ピザ用チーズ
チーズタッカルビ風…20
豆腐ピザ…56
豚キムチーズ…59

■ヨーグルト
鶏ケバブ…22

タンドリーチキン…30
ブロッコリーとキャベツのコールスロー…38
バターチキンカレー…62
アボカドヨーグルトバーク…102
りんごのみりんコンポートとヨーグルト…104

豆・豆加工品
■厚揚げ
チーズタッカルビ風…20
パッタイ風うどん…37
牛丼の具…42

■おからパウダー
切り干し大根と豆苗のサラダ…14
水菜とおからのゆずこしょうあえ…46
ひじきとおからのチーズサラダ…78
ブロッコリーとカリフラワーのゆずこしょうあえ…91

■高野豆腐
麻婆高野豆腐…26
食物繊維海そうスープ…107
サンラータン風スープ…107

■大豆
大豆入りドライキーマカレー…82

■テンペ
テンペとピーマンのスパイス炒め…16

■豆乳
プロテインチョコレートケーキ…103
プロテインサンド…104

■豆腐
豆腐ピザ…56
豆腐米粉蒸しパン…103

■ひよこ豆
にんじんひらひらしりしり…70

■ミックスビーンズ
炊き込み魚チーズリゾット…101

■レッドキドニービーンズ
ライス＆ビーズ…24
炊飯器チキントマト煮…32
赤飯風…46

果実類・果実加工品
■アボカド
アボカドヨーグルトバーク…102
グリーンキウイスムージー…106
ラズベリースムージー…106

■甘夏・オレンジ・オレンジジュース
オレンジチキン…14
甘夏チキン…68

■キウイフルーツ
グリーンキウイスムージー…106

■バナナ
プロテインチョコレートケーキ…103
グリーンキウイスムージー…106
ラズベリースムージー…106

■ブルーベリー
ブルーベリーチーズスムージー…106

■ミックスベリー
アボカドヨーグルトバーク…102
米粉プロテインパンケーキ…105

■ライム果汁
ジャークチキン…24
キャベツとちくわのセビーチェ…24

■ラズベリー
ラズベリースムージー…106

■りんご
りんごのみりんコンポートとヨーグルト…104

■レモン・レモン果汁
豚ハニーレモン…40

ねぎ塩レモンチキン…69
アボカドヨーグルトパーク…102
ブルーベリーチーズスムージー…106

種実類・種実加工品
■アーモンドミルク
バターチキンカレー…62

■ピーナッツバター
サテ風チキン…16
バターチキンカレー…62
さつまいもブラウニー…105

■ミックスナッツ
ほうれん草とツナのナッツあえ…44
ブロッコリーとにんじんのバーニャカウダあえ…92

漬けもの
■梅干し
パッタイ風うどん…37
梅サラダチキン…55
消化促進さっぱりスープ…107

■たくあん
パッタイ風うどん…37

■白菜キムチ
豚キムチーズ…59

主食・粉
■イングリッシュマフィン
プロテインサンド…104

■うどん
パッタイ風うどん…37

■オートミール
焼き鮭とオートミールチキンカツ…34
懐かしいミートボール…78
プロテインチョコレートケーキ…103

■米粉
豆腐米粉蒸しパン…103
米粉プロテインパンケーキ…105

■中華めん
ジャージャーめん…53
豚ヒレチャーシューめん…96

■パスタ
白身魚とさば缶のトマトパスタ…50
鶏肉の和風パスタ…52
牛赤身肉のボロネーゼ…98
きのことチキンとさつまいものクリームパスタ…100

■餅
チーズタッカルビ風…20
赤飯風…46

その他
■粉ゼラチン
豚ヒレチャーシューめん…96

■ピュアココアパウダー
豆腐米粉蒸しパン…103
プロテインチョコレートケーキ…103
プロテインサンド…104
さつまいもブラウニー…105

■プロテインパウダー
プロテインチョコレートケーキ…103
プロテインサンド…104
米粉プロテインパンケーキ…105
ブルーベリーチーズスムージー…106
グリーンキウイスムージー…106
ラズベリースムージー…106

栄養価一覧

頁		エネルギー (kcal)	タンパク質 (g)	脂質 (g)	糖質 (g)
14	オレンジチキン弁当	723	43.6	15.3	95.2
15	オレンジチキン	277	31.7	8.2	18.4
15	切り干し大根と豆苗のサラダ	135	7.9	6.7	7.6
16	サテ風チキン弁当	834	51.0	21.8	97.7
17	サテ風チキン	328	35.2	14.0	14.1
17	テンペとピーマンのスパイス炒め	194	11.8	7.4	14.4
18	バッファローチキンと魚肉ジャンバラヤ弁当	770	42.3	18.9	104.0
19	バッファローチキン	293	27.2	12.2	18.3
19	魚肉ジャンバラヤ	477	15.1	6.7	85.7
20	チーズタッカルビ風弁当	753	49.6	19.7	88.9
20	チーズタッカルビ風	753	49.6	19.7	88.9
21	鶏めし弁当	734	47.6	12.0	100.8
21	鶏めし	474	21.7	6.4	77.4
21	鶏むね肉とさつまいものオイスター炒め	237	24.4	4.8	22.3
21	冷凍ほうれん草の韓国のりあえ	22	1.6	0.8	1.1
22	鶏ケバブ弁当	757	43.7	17.5	100.4
23	鶏ケバブ	367	38.7	17.0	13.9
24	ジャークチキン弁当	793	54.7	9.9	110.3
25	ジャークチキン	269	34.8	8.5	13.2
25	キャベツとちくわのセビーチェ	98	8.2	0.3	13.5
25	ライス＆ビーズ	426	11.7	1.1	83.6
26	麻婆高野豆腐丼弁当	891	74.0	16.9	103.8
27	麻婆高野豆腐	501	69.0	16.4	17.3
28	炊飯器チキンライスでオムライス風弁当	807	44.7	26.4	92.7
28	炊飯器チキンライスでオムライス風	807	44.7	26.4	92.7
29	ガパオライス弁当	748	59.7	9.2	101.0
29	ガパオ	358	54.7	8.7	14.5
30	タンドリーチキン弁当	842	51.4	22.9	101.4
31	タンドリーチキン	230	26.9	10.0	7.5
31	ほうれん草入り炒り卵	189	14.6	12.2	4.4
31	ツナかにきゅうり	34	5.0	0.2	3.1
32	炊飯器チキントマト煮弁当	716	48.3	7.0	105.7
33	炊飯器チキントマト煮	326	43.3	6.5	19.2
33	トマトカレー	182	22.0	3.5	13.1
34	焼き鮭とオートミールチキンカツ弁当	741	37.2	17.3	102.8
35	焼き鮭とオートミールチキンカツ	361	30.0	15.5	23.8
35	ピーマンのコチュジャンあえ	68	3.2	1.4	9.8
36	台湾風肉丼弁当	790	39.6	15.8	112.0
36	台湾風肉	354	34.0	15.3	15.2
37	パッタイ風うどん弁当	725	48.8	17.7	86.8
37	パッタイ風うどん	364	23.5	8.7	44.2
37	アジアグリルチキン	205	23.3	8.8	8.0
38	揚げないフライドチキン弁当	853	51.5	32.6	82.6
39	揚げないフライドチキン	343	24.1	25.6	4.2
39	シーフードのピラフ	409	19.4	3.3	71.6
39	ブロッコリーとキャベツのコールスロー	101	8.0	3.6	6.8
40	豚ハニーレモン弁当	767	36.1	25.4	92.0
41	豚ハニーレモン	354	16.1	23.2	18.8
41	ささみチンジャオロースー	100	16.0	1.8	4.0
42	牛丼弁当	803	42.0	22.0	100.7
43	牛丼の具	413	37.0	21.5	14.2
44	牛肉とセロリのオイスター炒め弁当	752	41.4	21.1	90.6
44	牛肉とセロリのオイスター炒め	227	23.4	8.0	13.1
44	ほうれん草とツナのナッツ和え	94	5.9	6.1	2.4
44	レンチン卵焼き	119	8.2	6.7	5.8
45	モツ煮丼弁当	765	32.5	27.6	85.5
45	モツ煮	453	28.5	27.2	16.3
46	牛すじ煮込み弁当	834	60.5	9.3	106.5
47	牛すじ煮込み	365	48.0	7.6	14.9
47	赤飯風	449	11.0	1.4	90.2
47	水菜とおからのゆずこしょうあえ	20	1.5	0.4	1.4
48	焼きさばのあんかけ弁当	729	32.1	16.8	104.8
49	焼きさばのあんかけ	339	27.1	16.3	18.3
50	白身魚とさば缶のトマトパスタ弁当	757	42.4	13.2	109.1
51	白身魚とさば缶のトマトパスタ	757	42.4	13.2	109.1
52	鶏肉の和風パスタ弁当	707	41.7	22.4	76.6
52	鶏肉の和風パスタ	707	41.7	22.4	76.6
53	ジャージャーめん弁当	823	39.9	34.4	81.2
53	ジャージャーめん	823	39.9	34.4	81.2
54	洋風サラダチキン	442	57.6	18.7	10.7
55	梅サラダチキン	368	57.7	4.9	19.1
55	わさびサラダチキン	389	57.9	5.8	18.1
56	豆腐ピザ	723	27.4	14.5	114.2
57	すじ煮風こんにゃく	382	2.7	13.8	45.2
57	揚げない大学いも	953	6.6	33.2	137.8
58	じゃこと小松菜	202	10.9	1.9	33.2
58	ちくわと青のり	165	4.9	0.3	33.6
59	塩昆布とツナと枝豆	168	5.4	1.0	32.2
59	さばと青じそ	233	8.5	6.8	32.3
59	豚キムチーズ	219	10.4	4.1	32.5

110

頁		エネルギー (kcal)	タンパク質 (g)	脂質 (g)	糖質 (g)
62	バターチキンカレー弁当	466	32.4	7.6	62.2
63	バターチキンカレー	217	26.3	6.7	11.3
63	ターメリックツナライス	249	6.1	0.9	50.8
64	ガーリックペッパーライス弁当	570	30.8	8.9	86.6
65	ガーリックペッパーライス	570	30.8	8.9	86.6
66	たけのこごはん弁当	614	31.8	5.5	97.6
67	たけのこごはん	341	6.4	0.8	72.0
67	照り焼きチキン	186	23.5	4.7	10.4
67	干ししいたけとれんこんとにんじんの煮もの	87	1.9	0.1	15.2
68	甘夏チキン弁当	398	26.6	5.1	57.9
68	甘夏チキン	188	23.4	4.7	12.5
68	なすとパプリカとピーマンの塩こしょう炒め	23	0.7	0.1	3.8
69	ねぎ塩レモンチキン弁当	482	37.7	10.2	54.3
69	ねぎ塩レモンチキン	222	28.1	6.1	11.7
69	ズッキーニしりしり	83	6.5	3.5	5.7
70	鶏むね肉となすのみそ炒め弁当	593	38.2	11.2	76.5
71	鶏むね肉となすのみそ炒め	204	24.6	5.1	12.1
71	にんじんひらひらしりしり	143	9.3	4.3	13.5
72	揚げない酢鶏丼弁当	505	27.2	7.8	74.3
73	揚げない酢鶏	271	24.2	7.5	22.4
74	鶏むね肉とにんじんの甘辛煮弁当	472	32.1	6.4	63.3
75	鶏むね肉とにんじんの甘辛煮	226	24.2	4.9	17.3
75	ほうれん草とちくわのあえもの	58	5.5	1.3	4.4
76	ささみとエリンギの磯辺焼き弁当	534	32.8	9.1	72.0
76	ささみとエリンギの磯辺焼き	190	20.8	6.2	10.1
76	はんぺんポテト	97	7.7	1.1	10.9
77	ささみ青じそチーズサンド弁当	601	54.3	9.7	64.6
77	ささみ青じそチーズサンド	373	45.3	9.2	21.7
77	小松菜とちくわのレンジ煮	71	7.0	0.3	8.3
78	懐かしいミートボール弁当	605	41.0	9.5	81.8
79	懐かしいミートボール	313	31.8	7.1	27.8
79	ひじきとおからのチーズサラダ	58	6.2	2.1	2.0
80	レンチンそぼろ弁当	608	53.1	9.0	72.8
81	レンチンそぼろ	292	46.9	4.1	15.6
81	にんじん・もやし・小松菜のナムル	82	3.3	4.6	5.3
82	大豆入りドライキーマカレー弁当	640	62.9	11.6	64.4
83	大豆入りドライキーマカレー	476	60.0	10.5	30.4
84	はんぺんバーグ弁当	532	36.2	9.4	69.7
84	はんぺんハンバーグ	229	29.7	6.3	13.1
84	ほうれん草と枝豆とコーンのパワー炒め	69	3.5	2.9	4.7
85	レバニラ丼弁当	446	23.2	7.7	65.3
85	レバニラ	212	20.2	7.4	13.4
86	炊飯器パエリア弁当	447	24.9	1.4	79.6
87	炊飯器パエリア	447	24.9	1.4	79.6
88	いか韓国風炒め丼弁当	469	27.6	6.3	67.1
89	いか韓国風炒め	272	24.1	4.9	26.4
90	白身魚のみそチーズ焼き弁当	472	24.4	8.6	68.7
90	白身魚のみそチーズ焼きと野菜のグリル	238	21.4	8.3	16.8
91	炊飯器で鮭弁当	416	26.6	7.4	54.1
91	炊飯器で鮭	309	18.5	4.5	46.5
91	ブロッコリーとカリフラワーのゆずこしょうあえ	107	8.1	3.0	7.5
92	さばのハーブ焼き弁当	657	30.2	25.5	70.7
93	さばのハーブ焼き	312	22.9	19.1	12.0
93	ブロッコリーとにんじんのバーニャカウダあえ	111	4.3	6.1	6.9
94	鮭とさつまいもの甘辛焼き弁当	614	27.8	14.7	84.4
95	鮭とさつまいもの甘辛焼き	338	18.1	14.2	30.5
95	ささみとオクラのポン酢あえ	42	6.7	0.2	2.0
96	豚ヒレチャーシューめん弁当	504	32.5	5.4	75.2
97	豚ヒレチャーシューめん	504	32.5	5.4	75.2
98	牛赤身肉のボロネーゼ弁当	642	34.0	14.2	83.4
99	牛赤身肉のボロネーゼ	642	34.0	14.2	83.4
100	きのことチキンとさつまいものクリームパスタ弁当	668	42.7	8.3	95.0
100	きのことチキンとさつまいものクリームパスタ	668	42.7	8.3	95.0
101	炊き込み魚チーズリゾット弁当	530	31.0	3.7	87.6
101	炊き込み魚チーズリゾット	530	31.0	3.7	87.6
102	アボカドヨーグルトバーク	356	12.1	19.1	30.4
103	豆腐米粉蒸しパン	485	15.5	9.3	82.1
103	プロテインチョコレートケーキ	404	35.7	11.4	36.0
104	ソイプロテインサンド	242	20.1	4.3	30.3
104	りんごのみりんコンポートとヨーグルト	226	12.9	5.5	26.5
105	米粉プロテインパンケーキ	399	25.3	12.1	46.5
105	さつまいもブラウニー	869	16.6	24.7	135.8
106	ブルーベリーチーズスムージー	192	28.3	3.3	10.6
106	グリーンキウイスムージー	265	26.0	9.6	15.1
106	ラズベリースムージー	209	25.1	5.6	13.2
107	食物繊維海そうスープ	92	9.1	5.5	0.7
107	消化促進さっぱりスープ	50	1.2	0.2	8.3
107	サンラータン風スープ	229	16.1	16.0	4.5

マッスルランチ

YouTubeチャンネルで、高タンパクで低脂質な筋トレ飯や
ミールプレップを中心に紹介。誰でも作れると好評で、筋ト
レ飯を愛する層から人気に。著書に『マッスルランチの筋ト
レ飯』（小社刊）がある。

STAFF

撮影	吉田篤史
スタイリング	ダンノマリコ
デザイン	眞柄花穂、石井志歩、吉村亮（Yoshi-des.）
栄養計算	藤井沙恵
編集協力／執筆協力	丸山みき（SORA企画）
編集アシスタント	樫村悠香、永野廣美（SORA企画）
校正	聚珍社
企画・編集	石塚陽樹（マイナビ出版）

マッスルランチの
筋トレ弁当

2024 年11月30日 初版第 1 刷発行

著者	マッスルランチ
発行者	角竹輝紀
発行所	株式会社マイナビ出版
	〒101-0003
	東京都千代田区一ツ橋2丁目6番3号 一ツ橋ビル 2 階
	電話 0480-38-6872（問い合わせ窓口）
	03-3556-2731（販売）
	03-3556-2738（編集）
	URL https://book.mynavi.jp
印刷・製本	シナノ印刷株式会社

※定価はカバーに表示してあります。
※落丁本、乱丁本についてのお問い合わせは、TEL0480-38-6872（注文専用ダイヤル）、電子メールsas@mynavi.
　jp までお願いします。
※本書について質問等がございましたら、往復はがきまたは返信切手、返信用封筒を同封のうえ、㈱マイナビ出版編
　集第 2 部書籍編集課までお送りください。お電話での質問は受け付けておりません。
※本書を無断で複写・複製（コピー）することは著作権法上の例外を除いて禁じられています。

ISBN978-4-8399-8595-0
©2024 Muscle lunch
©2024 Mynavi Publishing Corporation
Printed in Japan